영혼의
요람을
찾아내다

배두순 시집

영혼의
요람을
찾아내다

한강

시인의 말

시를 짓는 일이
나를 짓는 일이라는 것을
나를 닦는 일이라는 것을
이제야 안다.

아름답게 지으려 한다.
끊임없이 닦으려 한다.

짓고 닦는 일에
기꺼이 나를 바친다.

2025년 8월에
배두순

배두순 시집 　　　　　**영혼의 요람을 찾아내다**

□ 시인의 말

제1부

콘크리트 세렝게티 ──── 13
조선간장 ──── 15
천명 ──── 17
하늘의 밤 ──── 19
부추밭 교실 ──── 21
반려동물 ──── 23
볼트와 너트 ──── 25
소금 ──── 27
쇠똥구리를 위한 헌사 ──── 29
수놓는 여자 ──── 31
멸하지 않는다 ──── 33
마시멜로 ──── 35
굴뚝은 살아 있다 ──── 37
남포등 ──── 39
비둘기 요새 ──── 41
시그니처 아파트 ──── 43

영혼의 요람을 찾아내다　　　　　배두순 시집

제2부

47 ─── 테트라포드
49 ─── 오대양 어물전
51 ─── 그리운 메아리
53 ─── 환幻
55 ─── 줄탁동시
57 ─── 달동네
58 ─── 나와바리 전쟁
60 ─── 집
62 ─── 핏줄
64 ─── 숯대
66 ─── 풍장의 기술
67 ─── 허수아비
69 ─── 미라클 25시
71 ─── 향일암에서
73 ─── 조개와 오징어
75 ─── 오늘島

배두순 시집 　　　　　영혼의 요람을 찾아내다

제3부

생명 발전소 ——— 79
꽃의 기행 ——— 81
원평나루 갈대숲 ——— 83
장수하늘소 ——— 85
몽돌 ——— 87
육아 ——— 88
증거 ——— 89
호모 스마트포니쿠스의 하루 ——— 91
폭우 ——— 93
미혹 ——— 95
꽃밥 ——— 97
가성비보다는 가심비 ——— 99
세교 근린공원·3 ———100
세교 근린공원·5 ———101
세교 근린공원·6 ———102
세교 근린공원·7 ———103

영혼의 요람을 찾아내다　　　배두순 시집

제4부

107 —— 나무와 책
108 —— 황금 별꽃
109 —— 아바타
110 —— 밤길
111 —— 반드시 오고야 말 행복
112 —— 고소한 수다
113 —— 갈색빛 신용 카드
115 —— 애정의 쌀
116 —— 우주 떨어지는 소리
117 —— 깃대종
118 —— 근황
120 —— 자물쇠
122 —— 물방울의 꿈
124 —— 홈타운
126 —— 밥 사주고 싶었다
127 —— 폭설의 아침

□ 해설_유한근

제1부

콘크리트 세렝게티

도시는 이제 콘크리트 세렝게티다
첨단 문명이 구름 떼처럼 밀려오자
거대한 억압에 길들어 가는 낮은 포복들
경쟁을 주도하는 힘의 원천으로부터
낯선 위협으로부터 자신을 지키기에도 바빠졌다
공격적인 눈초리와 불안의 몸짓으로부터
자유롭기도 어렵게 되었다
힘 있는 자에게 머리만 숙이면 될 것 같지만
가진 자거나 못 가진 자거나
타고난 운명에 쉽사리 굴복할 수도 없는 일이다
목숨을 담보로 할 때도 있다
이미 구시대의 산물일지는 모른다 해도
삶을 유지한다는 것은
콘크리트 숲속에서 먹구름 저편의 분계선까지
틈틈이 잠복하고 있는 이 시대의
포식자들과 맞닥뜨리는 일이어서
연애나 사랑 따위를 엮어 보기도 어려운 듯하다
초식동물의 생계를 책임지던 나머지 벌판도
곧 문명의 아가리 속으로 사라질 전망이다

무거운 구름은 장마권을 만들어 낼 것이고
시시각각 다가오는 불확실한 미래와 함께
격변의 교차로를 건널 일만 남았다
나의 절대자가 나일 때까지

조선간장

단맛 쓴맛 입맛 모두 잃고
치명에 다다라서야 받아안는 흰죽 한 그릇
마음만은 더없이 맑아지고 고통조차 투명해진다
조선간장 한 순갈에 참기름 한두 방울 떨궈
쓰디쓴 입맛을 수습한다
간장이 거들지 않으면 제맛도 모르는 흰죽
한 순갈씩 넘길 때마다 은근히 끌어당기는
간간하면서도 깊은 단맛에
쓰러졌던 미각이 깨어나고 죽은 입맛이 살아난다
어둡고 짠물 어디에 재생의 힘이 들어 있을까
귀가 열리고 소리까지 들리는 것은
내 삶의 네버엔딩 스토리 때문만은 아닐 것이다
간장을 담그는 일은 가문을 잇는 일이며
씨간장을 보존하는 일이다
씨간장은 묵을수록 빛나는 순흑빛
어머니의 장독에는 어머니만의 하늘이 살았다
햇무리 달무리 별무리 번갈아 어루만지며
씨간장을 보존하고 가문의 씨를 지키고 길러 냈다
간장 달이는 날에는 며느리 밥은 없던 시집살이

손가락으로 간장 한번 맛보고 물 한 바가지 마시면
 한나절은 거뜬히 넘겼다는 조선의 여인들
 우리의 역사는 간장의 힘으로 이루어진 것이 분명하다
 인생이라는 간장 맛까지 알고 나니 오감이 다 향긋하다
 전쟁 같은 삶을 무사히 살아낸 어머니들은
 이 향긋함의 진수를 누리고 즐길 줄 알았으리라
 간장독을 비우면 빛나는 흑요석이 한 움큼
 그것을 빨아먹으면 뛰놀던 유년이 달려온다
 조선간장의 힘으로 달려온다

천명

아파트촌 한가운데
수십 년 묵은 작은 건물 하나가 철거되고도
재건축의 기미가 없다
첫해 봄은 풀들의 신천지
두 번째의 봄은 삐죽삐죽 솟구치는 갈대의 선점이다

그렇다면 이 넓은 아파트 집결지가
한때는 광활한 갈대밭이었다는 말인가

바람이 불 때마다
공검空劍을 휘두르는 수천수만의 칼들이
거대한 군무를 보여 주고 있다
바람과 갈대가 빚어내는 눈부신 절정이다

피를 부르지 않는 군무는 저토록 아름다운 풍경이구나

귀신 같은 어둠의 아가리에 갇힐 무렵

―살아내거라
대를 앞세우는 종족의 단호한 명령이 있었을 것이다
가만히 귀 기울이면
끊어질 듯 이어지는 강물의 흐느낌이 들리고
소쿠라질 때마다 생의 촉 꼿꼿이 세우고
일어서는 푸른 생명력이 다부지다
천명天命이다
내 생의 뜨거운 불꽃을 피우기 위해서라도
저 갈대의 길을 다 배워야 한다

하늘의 밤

동물도 죽으면 천국에 간다
황소자리 용자리 전갈자리 페가수스자리…
강한 놈이거나 약한 놈이거나
먹이사슬에서 해방되는 건 아주 잠깐의 일
영혼은 살찌고 두 눈은 초롱초롱한 별을 입는다
야행성만은 그대로여서
어둠을 뚫고 생전의 가족들을 점검하기도 한다
아이들은 학교에 잘 다니는지
주인의 출퇴근은 변함없는지 궁금하기도 하겠다
빛의 움직임을 보면 수다를 떠는 게 분명해
그러다 아무도 몰래 지상으로 내려와
들여다보고 가기도 하겠다
사람과 동물이 한집에 거주한 것은 필연적인 일
논밭을 갈면서 서로에게 기대며
꼬리를 흔들며 얼굴을 비비며 가족이 되었다
어디선가 어미 잃은 강아지 울음소리가 들린다
어미 없는 것들은 늘 배가 고프지
사람이나 동물이나 다 커도 배가 고프지
젖배 고팠던 막둥이 생각에

쭈그러진 가슴에 찌르르 젖이 도는 밤
개밥바라기 별에서 뚝뚝 젖방울 떨어지고 있다

부추밭 교실

　버티는 뚝새풀을 호미로 발라내며
　어디서든 뿌리내리면 쉽게 뽑히지 말거라
　애기땅빈대를 솎아 내며
　함부로 고개 쳐들지 말고 몸 낮추는 법도 배워야 한다
　쇠비름 뽑아내며 잡풀이라지만
　잘 쓰면 사람에게 약이 되는 거라고 밭고랑에 적어 둔다
　초롱꽃을 가장자리로 옮겨 심으며
　화초로 대접받기에 부족함이 없구나
　괭이밥을 뜯어내며 고양이의 특효약이라기에
　몇 잎 씹어 보니 새콤한 침이 고인다
　시금초의 맛을 터득한 고양이들의 감각이 놀랍다
　방동사니의 허리를 끌어당기며
　여인들의 생리 불순과 우울증의 특효를 노래하듯 읊조린다
　까마중과 멍석딸기를 훑어 주며
　식용과 약용을 겸하니 사람에게 이로움을 더해 주느니라

쇠뜨기 여뀌 깨풀 속속이풀 명아주…
그들의 소용과 가치를 빠짐없이 듣는다
이 쓸모 있는 것들이 한낱 잡풀로나 빈둥거리며
어머니의 노동을 착취했으므로
밉다가도 예쁘고 예쁘다가도 밉다
멱살 잡힌 잡풀들은 두엄 더미로 끌려가고
잘 자란 부추들은 하얀 별꽃을 피워
검은 밤을 밝혔다

반려동물

흰둥이와 검둥이를 모시고 산다
어디를 싸돌아다녔는지
시커먼 얼굴에 무시무시한 이빨까지 내보이며
무섭게 뛰어드는 검둥이
그런 밤이면 꿈자리마저 사나워
긴 밤을 뒤척이다 겨우 아침에 닿는다

정오의 창가에서
무아지경에 들어 콧김을 내뿜으며 조는 흰둥이
응시하는 나의 존재를 잊을 만큼
주체의 구별조차 모호해진다
평화로운 날이다

어쩌다 두 놈이 으르렁으르렁
물고 뜯을 때마다
주인인 나는 머리가 지끈지끈
극심한 통증에 시달리기 일쑤다
그러다 한풀 꺾이면
자리 찾아 드러눕는 반려동물 두 마리

솟구친 털을 쓰다듬으며 평화 협정을 맺는다

맛있는 고기를 나눠 줄 때
아무래도 흰둥이에게 손이 더 가는 것은
머리맡을 지켜 주는 명심보감 때문일 것이다
오늘도 품속 깊은 곳에 두 반려동물을 모시고
남은 인생길을 걷는다

볼트와 너트

  쌍으로 다니는 이것을
  하나라 부르기도 그렇고 둘이라 우기기도 좀 그렇다
  애써 조이고 풀 일이 없다면 관심 밖의 고정구일 뿐이다
  잘 조여 놓으면 녹슬 때까지 서로에게 녹아들어
  한몸이 되어 한세상을 무사히 건널 수 있다
  물 한 방울 스며들 틈도 없이 꽉 껴안으면 되는 일이지만
  그게 그렇지만도 않은 것이 인생사이니
  볼트와 너트를 조이며 당신과 나와의 틈을 생각해 보는 것이다
  둘 중 하나라도 맞추는 일이 소홀했을 때는
  덩달아 어긋난 일들이 줄줄이 사탕처럼 끌려왔었다
  아니다 그렇다 하면서도 마음이 딱딱 들어맞을 때는
  천생연분 같기도 했지만,
  둘이 하나가 되기 위해서는 일방통행은 금물이다

다시 풀고 해체하는 일 없도록
꼼꼼하게 작업 끝낸 렌치를 정리하면서
당신에게 가까이 다가서야 할 마음을 한번 더 조인다

소금

김칫거리 배추에 뿌리고
고기의 부패를 잡으려고 소금을 뿌려 둔다
가게 문을 열면서
행여 부정 탈까 요진통에 소금 한 됫박을 모신다

소금은 어떻게 소금小金이 되었을까

세상의 모든 물은
개울을 버리고 강을 버리고 바다로 간다
공장의 폐수였거나
대중목욕탕의 땟국물이었거나
도시의 시궁창 물이었거나
바다는 가리지 않고 받아들인다
바다는 이 세속의 허물을 씻기고 헹궈서
하얀 뼈대가 설 때까지 단련시킨다
소금은 그렇게 온다
꽃을 피우며 온다
소금小金이 되기 위해 온다
바다는 영원불멸의 금광

캐고 캐내어도 끝없이 생성되는 금맥金脈
바다는 그것들을 물에 녹여서 잘 보관하고 있다

싱거운 찌개에 소금 몇 톨을 던져 넣으며
소금小金이 되는 길을 더듬는다
빛나는 백금이 되는 길을 따라잡는다

쇠똥구리를 위한 헌사

다들 피해 가는 똥을 돌돌 뭉쳐
굴려 가던 곤충에게 시선을 뺏긴 적이 있다
동그란 그것을 몇 번이나 놓치고도
포기하지 않던 미물의 집념에 넋을 잃은 것이다
덩치 좋은 초식동물의 배설물을 즐기면서
배합 사료나 농약이 묻은 것은
거들떠보지도 않는다니,
나름대로 까탈스러운 족속이다
똥을 파먹고 배를 채우면
집에까지 굴려 가서 그 속에 낳은 알이
애벌레가 될 때까지 가장 노릇에 매진하는
우직한 수컷의 본능
소똥으로 살림을 차리고
경단을 빚고 가문을 지키는 암컷과
똥의 자양분을 빨아먹으며 겁 없이 자라나는 애벌레들
한때는 다 소였다
똥 밭에서 생의 고샅길을 틔우고
똥에 대한 철학을 남기고 쓸모까지 입증하였으나

사람들은 더럽다고 외면했다
그런 미물을 주시하던 나의 오만이 고개를 숙이고
뱉던 침을 도로 삼킨 적이 있다
생은 굴리는 만큼 두툼해진다는 것을 알게 된 것도
쇠똥구리가 팔월의 염천 태양 아래 땀을 뻘뻘 흘리며
똥덩이를 나르던 그해 여름이었다
그 우직한 쇠똥구리들은 다 어디로 갔을까

수놓는 여자

수틀과 마주 앉아
종일토록 바늘을 주고받는 여자
겨우내 꽃을 피우면서 피맛을 본 바늘이
딴전을 부려도 찌르고 받기를 수십만 번
모란이 입을 열어 향기로운 비명을 내지르고
원앙이 날개를 펼칠 때까지
바늘은 철저히 여자를 소유했다
오래 숙성된 시간의 맛을 아는 여자
머리카락을 바늘귀에 꿰어 생명을 나눠 주는 여자
그녀의 손끝에서 궁중 예복과 금수오조원룡보
단호 단학 쌍호흉배 쌍학흉배들이 부활하는 동안
명경 같은 눈은 점점 희미해지고
머리카락은 듬성듬성해졌다
금사 은사 오색실로 땀땀이 길이 열리고
죽은 나무에 새순이 돋고 새들이 날아오는 동안
여자의 봄은 퇴색이 만연하다
꿈에도 입어 보지 못한 활옷을 펼쳐 서응조瑞應鳥의
눈을 밝히느라 머리카락 하나를 더 뽑는다
명인의 호칭을 받을 때까지

바늘은 얼마나 많은 피의 길을 누볐을까
한 땀 한 땀 그녀가 지고 있다

멸滅하지 않는다

뭉치면 살고 흩어지면 죽는다
살기 위해 뭉치는 멸치 떼
떼를 지어 다니면 대단히 큰 짐승처럼
보인다는 것을 알지

대부분의 어족은 저 거대한 무리를 피해 가지

잔꾀 많은 인간에게 잡히는 것은 촘촘한 그물 때문이다
끓는 물에 해탈하고 부활의 길을 걸으며
마른 멸치로서의 품계도 갖추면
바다 밖에서의 인기는 사그라들지 않는다
똥 말고는 버릴 것이 하나도 없다는데
무슨 할 말이 있겠어
그 똥마저도 달게 먹는 사람이 얼마나 많은데,

그래서 바다의 대표이사
건어물 가게 앞자리는 늘 그들이 차지하지

깊은 국물맛을 내고 밥반찬이 되어
한 번 더 존재의 가치를 인정받는 멸치
밥도둑의 진가를 아낌없이 발휘하고 나면
비로소 바다를 놓아 준다

파도를 밀치며 물결 따라 일렁일렁
불멸을 완성하는 멸치 떼
물결과 하나 되어 움직이는 그림 같은 풍경
멸滅을 모르는 유전자가 있다

마시멜로

가을 들판을 요약한 마시멜로
뻣뻣하던 볏짚들이 스펀지처럼 폭신폭신
달콤하게 곰삭는 중이다
단단히 여민 안쪽에서
알찬 시간을 익히는 가축들의 먹거리
둥글둥글 빚어진 시간도 더불어 익는다
볏짚들은 늘 저항 없이 묶였다
들판 시절을 떠올리기란 그리 힘든 일이 아니므로
소낙비에 떨던 저녁나절과
걸쭉한 막걸리 속의 구수한 이야기들
주고받던 경작의 역사가 함께 돌돌 말려들었다
용도가 정해지자 농경 저쪽의 행방들이
농부의 손을 밀어내고 떠날 준비를 마친다
대지는 뭇 생명들의 터전
한몸 한뜻으로 하늘을 우르르고 경배하며
후손을 낳고 옥토를 지켜낸다
마시멜로 한 덩이에는
농부의 어진 마음은 젤라틴 포도당으로 순환되고
수확의 기쁨은 달걀흰자처럼 희고 부드럽게 스며

든다
　소들은 그것을 먹으며 새끼를 낳고
　우유를 만들며 누대의 삶을 잇는다
　줄줄이 쌓이는 큼직한 솜사탕에 기대어
　농사꾼 아버지의 달큼한 땀내를 포식한다
　먹어도 먹어도 허기지는 그리움

굴뚝은 살아 있다

오래전부터 이렇게 서 있었어요
앉거나 눕는다는 생각은 해본 적이 없어요
그것은 죽음과 내통하는 문제거든요
대대로의 흥망성쇠가 지나가는 동안
이 자리를 사수하며 꼿꼿한 자존의 허리로 버텼지요
따뜻하고 하얀 연기를 내뿜으며
밥물 끓는 소리를 축포처럼 쏘아 올리고
하늘 아랫목까지 데우던 그 시절에는
연기를 보며 집으로 돌아오는 발소리가 좋았어요
산다는 것은 자신을 불태우는 일이라지요
굴뚝을 통과한 연기가
하늘에 오르지 못한 적은 없다고들 하는데요
온전한 소진만이 하얀 드레스를 입고
하늘의 푸른 카펫을 밟는다는 것은 진즉에 알았지요
힘센 문명에 밀려 구태의 상징으로 굳어지더라도
호시절을 기다리는 심정이 굴뚝같아요
해마다 봄은 찾아와서

파릇한 풀로 발등을 덮고 냉이꽃을 꽂아 주지만
식는다는 것은 참으로 쓸쓸한 일이었어요
빈집을 지키며 우뚝 선 나를 알아보는 사람들
싸늘한 마음의 아궁이부터 열어젖히고
애정의 불씨로 가슴을 지핀다면 얼마나 훈훈할까요
서 있다는 말은 살아 있다는 말
나는 여전히 살아 있어요

남포등

남포등※ 하나가 수집됐다
금 간 등갓에 돋아난 푸른 녹
혓바닥 핥으며 불맛을 본 지도 꽤 오래인
이것으로 무엇을 비출 수가 있을까
아련하고도 눈에 삼삼한 등 하나를 쓰다듬으며
먼 흑백 시절을 밝혀낸다
아무도 거들떠보지 않는
이 초라한 물건에 마음이 꽂힌 것은
저물녘에 동동거리던 어머니의 일상 때문일까
"얘야, 남폿불 좀 밝히거라"
석유를 붓고 심지를 올리면 그을음을 날리며
어둠을 뜯어먹던 남폿불
대청마루와 마당의 평상에 남포등이 걸리고
가족과 일꾼들이 둘러앉던 두레 밥상은 식욕이 넘쳤다
모두 어머니의 식구食口였다
서너 개의 남포등이 켜지면
공부하는 척 책을 뒤적거리며 어른들 수런거림에 귀를 쫑긋대던 밤이 있었다

붉은 혀 날름거리는 남폿불 곁으로 모여드는
날벌레들의 유희는 환상적이었다
반짝이는 별들과 둥근 달
앞마당이 전부였던 내 성장의 날들이다

※석유를 넣은 그릇의 심지에 불을 붙이고 유리로 만든 등피를 끼운 등.

비둘기 요새

천변을 가로지르는 철교
상판 틈새마다 비둘기들이 산다
어떠한 침입자도 범접할 수 없는 천연의 요새지
아래로는 사철 맑은 물이 흐르고 풀과 곤충들
낚시꾼과의 교감을 안다
날개를 쫙 펴고 허공을 가르며
비상하는 그들은 수시로 야성의 도약을 즐긴다
인간의 겨드랑이에서는 왜 날개가 돋지 않을까
죄를 짓기 때문일 것이다
먼 하늘을 향해 두 팔을 펼치자
전신에 깃털이 스멀거리고
솟구치는 힘을 감당하기 어려워라
바람과 호흡을 맞추어 머나먼 행성에 닿을 수 있기를,
허공을 헤엄치는 나의 맨발도 끝없이 자유롭구나
벗어 놓은 신발은 생각나지도 않는다
한 무리 비둘기들이 선회하며
빠른 속도로 창공을 뚫어 점. 점. 점이 되어 사라진다

그들을 따라잡는 내 마음은 아직도 유년을 벗지 못
하고
　아득한 남녘 쪽으로 눈물을 나른다
　저물녘이 오고서야 비둘기의 시간에서 벗어난다
　기차가 지천으로 깔린 어스름을 찢으며 철길을 달
린다
　돌아온 비둘기들은 그들의 요새로 쏙쏙 들어가고
　천변의 은유들도 검게 물든다

시그니처 아파트

아파트와 아파트를 더듬는
한 노인의 생애가 낮달처럼 까무룩하다
약속과 핸드폰도 없이 무작정 나선 걸음
광범위한 아파트촌을 더듬으며
자식의 집을 찾아내기엔 고단한 연륜이다
우주가 리필한 계절은 철마다 돌려받지만
인생은 단 한 번의 경험일 뿐이다
기억이란 어디쯤에서 뒷걸음질하는 것일까
지난겨울의 길고 긴 나의 몽상도
미래의 씨앗이 되지 못하였고
입안의 말들은 내뱉기 전에 시들기가 일쑤였다
피붙이의 집에 무작정 들이댄다는 것도
불경죄에 해당하는 신개념인 현실이다
에스아이펠리스올림픽공원을 지나
서밋촌을 지나치고 스테이트촌을 건너
캐슬과 아크로 군락에 들어섰을 때쯤
노인의 오후는 젖은 자루처럼 후줄근해졌다
아픈 다리를 주무르며
아스라이 올려다본 고층 아파트 불빛에서

아들의 집을 발견한 것은 어둠살이 짙을 무렵의 일이다

분홍꽃마을7단지GTX한양역소금강펜테리움센트럴파크

겨울밤보다 긴 시그니처 아파트

제2부

테트라포드

네발 달린 돌짐승들
바닷가에서 파도를 잡아먹으며 산다
거침없이 달려오던 바닷물이
불뚝불뚝한 가랑이에 걸려 넘어지면
깨어지고 부서져 물보라로 사라진다
파도를 작살내는 일은 테트라포드의 임무다
때로는 잘근잘근 바다를 씹어 가며
아름다운 세레나데에 화음을 얹기도 하고
낚시꾼들의 일탈을 부추길 때도 있지만
함부로 현혹되어서는 안 된다
까딱하면 헤어날 수 없는 수렁의 스크럼에
걸려들고 만다
실수를 먹이처럼 기다리는 돌들의 식욕과
무모한 부주의에 빨간 119가 달려올 때도 있다
파도와 드잡이하는 구조물의 복심에
혐의를 뒤집어씌우기도 하지만
엄청난 해일도 죽으면 말문을 닫는 법
나의 청춘도 이곳에서 생사를 경험한 적이 있다
파도 소리는 밤을 찢고 방파제는 파도를 찢고

연애는 가슴을 찢던 날
심연의 애증까지 토해 버린 것도 그때였다
한판승을 즐기는 테트라포드를 보고 섰는데
내가 뱉어 버린 언어들이
하얀 익사체로 떠오르고 있다

오대양 어물전

이곳을 통과하지 않은 바다는 없다
생태 동태 구분 없이 누웠고
죽어서야 일심동체가 된 고등어 부부의
애정 행각은 현재 진행형이다
오징어 갈치 조기 병어 민어 광어
꽁꽁 얼었어도 눈알만큼은 초롱초롱
제 생의 결말을 뜬눈으로 스캔하고 있다
꾸물거리는 전복 해삼 곁에서
몸의 절반이 입인 아귀가 종족들을 아우른다
저 뱃속을 열면 귀하고 값비싼 어종이
일거양득이라는 사자성어를 물고 나온다
이빨도 무시무시하고 맛도 어마어마하다니
함부로 무시할 수도 없겠다
좌판 아낙이 얼음 한 바가지를 퍼붓는다
얼어 죽은 물이 백수정으로 부활하니
어물전은 더더욱 생기가 돌고
능숙하게 생선을 다듬은 아낙은
금빛 햇살까지 토막토막 잘라 봉지에 넣어 준다
누군가의 뱃속에서 꼬르륵 소리가 들리고

오대양 어물전은 썰물을 탄다
오늘도 완판이다

그리운 메아리

마음 출출한 날
정신의 공복을 안고 숲으로 가는 길
꽉 닫혀 있던 흉곽을 열고 이름 하나를 꺼낸다
호흡을 박차고 뛰쳐나가는 소리
그 소리가 또 한소리를 업고 돌아온다
순간의 기쁨과 환희 속에
우리는 기꺼이 하나가 되어
원림의 평화를 즐기며 숨바꼭질에 들어간다
초록에 빠지면 심신조차 녹색으로 변하는가
마음과 마음을 맞붙이기 위해 불러내고
들키기 위해 숨는 신선놀음에 열중한다
가끔은 주파수를 놓칠 때도 있다
송신기도 소용없는 계곡에 들어서면
그리움은 더욱 깊어져서 다시 흉곽을 연다
그렇게 하나가 되는 것이 우리의 운명이었으므로
애중의 너울을 쓰면
속속들이 들여다보이는 너와 나의 이심전심
깊고 어두운 곳에서도 부르기만 하면 달려오는 너
그 단호하고 애틋한 해후에 잠자던 맥박이 깨어

난다
  정신의 빈 곳을 채우고 싶을 때마다
  숲을 찾아 목청껏 불러 보는 나의 그리움
나의 메아리

환幻

저녁 해의 신열이 높다
한나절을 동동거렸으나 손에 쥔 것이 없다

―스스로 빛나는 사람이 되거라

석양을 바라보던 아버지의 당부가 떠올랐으나
해가 지면 그뿐,
나는 점점 작아지고 쪼그라들어서
그림자조차 나를 놓치기가 일쑤다

길을 놓치고 산속을 헤매는데
목에서는 꺽꺽거리는 소리가 자주 올라왔다
어디쯤 어머니를 심어 둔 기억이 났지만
제비꽃도 할미꽃도 보이지 않았다

마음의 힘줄을 당겨 빈 가슴에 닻을 내린다
변함없이 맑은 내 영혼의 요람을 발견한 것은
참으로 다행한 일이다
나만의 성소였다

현생이 간만 보다 사라지는 허깨비 같을지라도
한번 살아 보고 싶었다

줄탁동시

태양의 부리들이 총력을 다해
나무를 쪼기 시작하고
나무 안의 꽃망울들도 동시에 껍질을 쫀다
안과 밖의 소통이 합일을 이루면서
폭발하는 꽃들의 신천지가 장관으로 펼쳐진다
동시同時, 같은 시간
결코 둘일 수 없다는 강경함이다
공부나 깨달음까지도
때를 맞추지 않으면 현생의 기회는 얻기 어려운 법
몇 개의 동의어가 떠오르지만
내부와 외부의 조화에 마음은 파동치고
꽃의 물결에 심신이 자지러진다
문득 벽암록*이 깨어나고
수행하는 제자가 깨달음을 얻을 시기가 되면
스승도 그때를 단박에 알아차린다는 구절이 떠오른다
깨달음의 줄탁동시라니,
감동과 기쁨을 한꺼번에 맛보는 스승과 제자는
얼마나 많은 시간을 배움과 가르침에 매진했을까

꽃의 씨알들이 마구마구 깨어나고 있다
햇살과 나무가 동시에 쪼는 맛을 즐기는 사이
봄날의 흥이 외출을 부추긴다
누가 마다할 수 있으랴

※벽암록: 불서佛書

달동네

처음엔 이름 모를 꽃들의 본적지였다
어떤 꽃은 사람의 향기를 따라 하산하거나
미지의 세상을 향해 빗물에 몸을 실었지만
달의 궤도는 한결같아서
어떠한 풀꽃도 달의 시야를 벗어나지 못하고
어떠한 사건도 달의 렌즈를 통과하지 못했다
달빛 밟으며 내려가고
달빛 걸치고 올라오는 달동네 사람들
언젠가는 두둥실 띄울 저마다의 달을 품고 산다
이곳에서 생사를 걸고 달을 노래한 사람도 있었다
그의 노래는 산복도로가 생기면서
무처럼 뽑혀 나가고 추억의 골목들은
개발의 위력 앞에 뿔뿔이 흩어졌다
중턱쯤에서 뼈를 묻은 이름들이 툭툭 불거지고
길을 넓히던 개발이 잠시 숨을 고른다
그때 금가루를 뿌리며 등장하는 달
입과 몸이 하나인 달덩이
함박 같은 웃음으로 뭇 시름을 걷어낸다
저마다의 달을 건사하며 살아가는 달동네 사람들
달빛 나눠 마시며 동고동락에 든다

나와바리 전쟁

하나로 마트 사거리
일 년 내내 수입 과일을 파는 사내의 트럭에는
어린 아들이 졸고 있었다
활어를 팔기 시작한 또 한 사내가
멀찌감치 자리를 잡은 것은 가을 초입의 일이다
마트에서 나오는 사람들의 발길을
멈추게 하는 사내들의 우정도 풍경이 되어 갔다
회칼에 저며지는 속살, 바다의 뼈대가 발려지면
덩달아 잘 팔리는 과일들
어느 날 어찌어찌 늦어진 과일 사내가 당도하니
딱, 그 자리를 바다 사내가 차지하고 있다
옥신각신 자리다툼이 맹렬하다가
바다 사내의 데바나이프가
직무를 착각한 것은 눈 깜짝할 순간의 일이었다

길바닥은 멍하니 하늘만 쳐다보고

다음 날,
현수막 하나가 사거리 전체를 장악하고 있다

나와바리 전쟁의 승자는
바다 사내도 아니고 과일 사내도 아닌
바람을 타고 승리의 깃발을 휘날리는 현수막이었다
"여기는 노점상 집중단속 구역입니다. － ㅇ ㄹ시"

집

아파트 베란다 몽당 추녀에
풍선만 한 말벌의 집, 에프킬라를 쏘아댄 것은
감당할 수 없는 공포심 때문이다
육각형의 조밀한 구조물에
칸칸이 머리를 처박고 꿀을 저장하거나
집을 손보다가
느닷없는 독가스 공격에 혼비백산 흩어지는
미물들의 날갯짓 소리에 놀란 쪽은 오히려 사람이다
방충망이 있기 망정이지
하마터면 대형 참사로 이어질 일
매일 빨래를 널고 화분에 물을 주면서
벌집이 풍선처럼 부푸는 줄도 몰랐으니
하늘 한번 우러른 적도 없었던가
벌들을 쫓아 버리고 방망이로
그들의 아파트를 통째로 철거해 버린다
뛰는 가슴 가라앉기도 전에 탁발에서 돌아온 벌들의
다급한 몸짓에 마음이 허둥지둥 날뛴다
엄마는 수채에 뜨거운 물도 붓지 못하게 했는데
지나친 방어였을까 선제공격이었을까

다시 어딘가에 터를 잡고 집을 지어
꿀을 모으고 새끼를 치며 살아가긴 할 것이다
내가 당신이라는 집에 탕약같이 쓰거나
벌꿀보다 달콤한 생각을 밀어 넣으며
한세상을 견뎌 내듯이

핏줄

지구 반대편으로 입양 갔던 아이가
청년이 되어 핏줄 찾는다는 뉴스다
모질고 독한 버림이거나
혹시 잃어버렸을지도 모를 생이별을 견디고
살아서 성장해서 돌고 돌아온 청년
잊을 수 없는 것들은 제 발로 걸어온다지만
지구를 몇 바퀴 감고도 남는다는 실핏줄을 따라왔다
어떤 나침반에도 U턴의 표식은 없는데
마음이 붙어가는 쪽으로 이어졌을 혈육의 끈
피 한 방울 거머쥐고 오래 방황했을 청춘
천애天涯의 끝자락에서도
두려움 없는 사랑으로 견뎌 냈을 것이다
한 청년의 환국을 보면
존재의 으뜸은 단연 핏줄임을 안다
탯줄이 잘리면서 시작된 이별은
얼마나 많은 생의 파란만장을 양산하였던가
내가 당신의 늑골 속에 숨어 살아내듯이
나의 늑골에 당신을 끼우고 견디는 것은
한 뿌리 한핏줄을 가꾸고 지키려는 사명감이리라

사람들아, 핏줄의 터럭 하나 함부로 하지 마라
혈통이 당신을 외면하기 전에
길고 긴 비탄이 당신을 옭아매기 전에

솟대

사내는 새를 깎아 하늘을 얻었다
세상에 없던 높은 장대는 꿈을 세우게 되었다
땅에 박힌 심지에도 소박한 꿈들이 파릇파릇 깃들었다
많은 새들이 태어나고 사라지는 동안 하늘은 상심도 많았으나
사내의 마음은 평화로웠다
아름다운 저녁들이 몰려와 사내의 새들과 풍경을 엮을 때마다
그는 지나간 사랑을 반추하며 고요히 허공을 즐겼다
틈틈이 새를 깎아 생명을 불어넣는 동안
사내의 젊음도 서서히 빠져나가고 노인으로 갈아입었다
쭈글쭈글한 손으로 다시 새를 깎는 노인
손마디마다 박혀 있는 새들과의 인연이
세상 속으로 역류하기 시작하고 노인의 심장도 역류한다
노인은 다시 하늘을 품고 목재를 어루만지며
붉고 뜨거운 심장의 물결을 쏟아붓는다

언젠가는 새들이 짠 그물을 타고 하늘 여행에 오를 늙은 사내
 오늘도 부지런히 새를 낳는다

풍장의 기술

무청을 본다
겨울바람에 맡겨 버린 생의 결말들
새끼줄이나 끈에 엮여
시나브로 말라가는 초록 피돌기
가랑가랑 사각사각 몸 부딪는 소리
건채 숨넘어가는 소리
수족의 물기 한 방울까지 다 훑어내고
빳빳한 육신에 깡마른 바람 소리 입히며
영양소와 효능만은 남겨두는 풍장의 기술에
저만한 죽음도 없다 싶다
예나 지금이나 무청 시래기는 건강 식재료
엄동을 넘긴 어진 백성들의 부황든 얼굴에
부족한 칼슘과 비타민까지 공급했다지
가지런히 누운 시래기를 보며
푸성귀의 죽음에도 품위와 등급이 있음을 안다
나물로 된장국으로 우거지 조림으로 되살아날
맛깔스러운 주검들
모두 신선 같은 바람의 걸작품이다

허수아비

입 하나가 전부인 달이 웃고 있었다
들판의 풀잎 한 포기까지 노란 웃음에 물들고 있었다
야트막한 산도 달빛을 들쓰고 잠을 청하는데
모든 사물과 생명들이 한동안의 임무를 망각하는 것 같았다
누렇게 익어 가는 들판에서 낮과 밤은 전진에만 몰두하고 있었다
여태껏 한 번도 경험하지 못했던 일들이 궁금한 듯
전방을 향해 가는 날들의 더딘 걸음들
세상은 왜 앞으로 가는 일밖에 가르쳐 주지 않는 것일까
달아나는 계절을 붙잡을 생각도 못하고 그저 물끄러미
뒷모습만 바라보고 섰던 허수아비가 펄럭거렸다
제 소임을 아는지 모르는지, 그저 모른 척하고 싶다는 듯이
쫙 벌린 두 팔을 흔들며 생각마저 털어내고 있었다
시간 같은 건 애당초 아무 의미도 없다는 듯

세상만사를 초월한 듯 서 있던 허수아비 허허허虛虛虛!
황금 달빛 가득한 들판에 홀로 서서
무념무상의 허수아비로 사는 것도 인생이라 여겼다

미라클 25시

어둠이 셔터를 내리면
기적을 찾아 나섰던 사람들이 돌아온다
일용직 잡부 김 씨와 질통꾼 박 씨
한때는 광석을 찾기 위해 돌을 부수던 기술로 그만
가정을 깨부숴 버린 파석꾼 이 씨가
후줄근한 하루를 이끌고서 귀가하듯 들어선다
사내의 폭력을 겨우 벗어난 여자
며느리 길들이기로 가출을 강행한 중년
구태의연한 척하지만
다가오는 명절의 행로가 여간 불안하다
은둔과 여가의 시간이 맞물리는 곳
양머리 모자 쓰고
소금방, 수정방, 숯가마, 황토방을 들락거리며
뒹굴뒹굴 뒹구는 사람들
뒹군다는 것은 세상 모를 몸짓이지만
이곳에서는 누구의 근심도 관심을 끌지 못한다
텔레비전 앞의 낮은 수다가
숙명 같은 결핍을 아우르는 순간에도
씁쓸한 이력만은 노출하지 않는다

하루치의 고단이 노글노글 녹는 동안
생의 비린내 물씬거리는 바깥을 잊는 동안
기적 따위를 믿거나 말거나
휘황한 간판은 25시의 밤을 밝힌다

향일암에서

오래 방관했었다
바닷물을 찍어
돌벽에 그리던 그대 얼굴과
끝내 그리지 못했던 그 마음을
보이지 않는 그 마음을
오래 방치하고 살았다
바다의 헤비메탈을 감상하며
소금 한 줌의 내력을 더듬어보지만
피사의 사탑처럼 비뚜름해진 마음으로는
저 맑은 은유들을 해독할 수가 없다
일렁이고 출렁이며 사는 생
흔들리지 않는 것들은
흔들리는 것들에 대한 모독일까
마음이 내 것이 아닐 때만 찾아가서
내 안의 고뇌를 쏟아내면
다 받아 주던 바다
부처 같은 바다의 음성을 들었다
어젯밤도 바다를 퍼마시며
그 불멸의 설법을 듣고 또 들으며

물결마다 박혀 있는 생의 단초를 더듬었다
오랫동안 방치한 돌벽 앞에서
금빛 영롱한 바닷물을 찍어
품고 있던 천년의 미소를 그린다

조개와 오징어

수족관에서 만난 조개와 오징어
언제 소환될지 모르는 생의 끝자락을
한통속에서 보내고 있다
바다의 핏줄로 태어났으나
살아가는 방법은 각각이었다
조개가 제 살갗으로 패각을 생성시키며
안가를 증축하는 동안
오징어는 물컹한 몸을 타원형으로 빚어
바다를 섭렵하며 유영의 생을 산다
적을 만나면 매끄러운 몸을 요리조리 흔들며
달아나고 또 달아났을 오징어
식솔들을 이끌고 바다의 평원과 협곡을 누비며
삶의 지혜를 터득하고 체험했으리라
이동을 포기한 느린 조개는
갯벌 깊숙이 새끼들을 숨기고 죽은 듯이 사는
생존의 비법을 전수하며
패갑 단속에 심혈을 기울였다
모처럼의 외식을 해물탕으로 정한 저녁
먹자골목 인파에 휩쓸려

붙박이로 살거나 떠돌이로 살거나
삶이라는 한통속의 비애를 생각한다
조개 건지는 여자의 얼굴에
어룽지는 석양빛을 보면서

오늘島

오롯한 나만의 섬
내 사랑島
내 그리움島
내 미움島
어쩌다 고립될 때는
무인도처럼 살아낸다
오늘島에서
나는 오늘의 종種이다
오늘 태어났다 오늘 죽는 종種
날개가 있다가도 없고
없다가도 있다
오늘島는
나의 종교
나의 악기
나의 그림
나는 오늘의 종합예술가
오늘島의 주인이며 하인
봉기처럼 타오르는 열정은
나의 자산

어느 섬이 이처럼 붉으랴
세상사 힘들어도
스스로 유폐하지 않는 오늘의 섬
하루가 묻히기 전에
배턴을 이어받는 신생의 오늘島
날마다 돌올하다

제3부

생명 발전소

사람들은 바다 쪽으로
바다는 사람 쪽으로 면면을 마주하고 있다
푸른 혈맥 굼틀대는 몸태와 거침없는
해양의 미혹에 취해 잠시 걸음을 멈추고
가늠할 수 없는 깊이를 가늠해 본다
모르는 것이 없고 안 가본 데가 없는 바다
생로병사의 비밀까지 몰려온 마지막 종착지다
더러는 헛물켜다 죽은 것들도 많다
아픈 생명은 천만번의 재생술로 회생시킨다
무너진 각을 바로 세우고
부패하지 않는 묘약 소금을 입혀 주는 것이다
바다의 가슴속엔 신생의 활력을 무한 생산하는
거대하고 청청한 심장,
생명 발전소가 가동되고 있기 때문이다
펄쩍펄쩍 공중제비하는 어족과
해조류들의 우아한 몸짓과 산호초
자잘한 바다 식구들의 미래까지도 관장하는
영원불멸의 발전소는 손익계산을 하지 않는다
별들이 내려와 몸을 씻고서

총총한 눈동자로 꿈을 내려주는 밤
달려오는 파도를 맨발로 마중하며
한오백년을 살면 어떠리

꽃의 기행
―옥잠화

  꽃이 필 때마다 몸살을 앓는다
  서림사 옥잠화 꽃 고고한 그 자태에 넋을 빼앗기는데
  꽃그늘을 지으려면 더 많은 꽃잎이 필요해
  옥잠화의 여름살이는 한량없는 피우기를 다하고 있다
  물고기 풍경을 희롱하느라 제 기운을 소진하던 놈팡이 바람
  목탁 소리 뒷전에 두고 슬그머니 산문을 빠져나간다
  첩첩이 소나무로 둘러싸인 영구암을 오르려는데
  구름은 나무마다 하얀 솜방망이를 걸어 놓고 길을 열어 주지 않네
  인기척 마다하는 수행의 시간을 방해하지 않으마
  미련 없이 돌아서니 골짝 물소리가 귀를 씻어 준다
  심신의 번뇌와 고통까지 모조리 훑어 내어 씻고 또 씻어 준다
  오욕까지 다 씻기고서야 내려다보는 물길
  어느새 정화되어 졸졸졸 화음 맞추며 경쾌하게

내려간다
 꽃 이파리 몇 개 얹어 어화둥둥 떠내려간다
 조용한 사랑※ 전하려 속세로 간다

 ※옥잠화의 꽃말

원평나루 갈대숲※

원평나루 물기슭은
죽도록 살고 싶은 갈대의 마을
어버이 갈대들의 슬하에서
어린것들은 파릇파릇 꿈처럼 자라나고
철새들은 허공을 희롱한다
눈보라에 굴복하지 않으며
폭풍우에 꺾이지 않는 서슬 푸른 절개는
우리네 조선의 정신
바람이 울면 소리 내어 함께 우는
갈대들의 은유를 헤아려 보자
원평나루 갈대숲은
아무 데도 가지 않아
역사를 지키고 그리움을 곰삭히며 산다
융성했던 시절을 추억으로 간직하며
모진 비바람에 쓰러져도
허리 곧추세우고 다시 일어선다네
사람의 마을에 밤이 깊으면
애절한 갈대들의 속울음 소리 들린다
그 소리 들으며

울음도 삶의 한 형식인 것을 알았네

※평택 8경의 하나

장수하늘소

신갈나무 한 그루를 골라
여름을 빨아먹던 하늘솟과의 곤충 하나
긴 촉각을 뽐내며 수컷임을 알리고 있다
동물도 곤충도 위엄을 앞세우니
인간도 뒤질세라 수컷 행세에 허세를 보태는 걸까
검은 머리에 붉은 갈색의 딱지날개
광택 있는 흑갈색의 탐욕적인 아랫배는
암컷을 유혹하기에 알맞은 색깔을 입었다
태생의 의상만으로 품격을 갖춘 이 멋진 곤충의
희소가치가 천연기념물로 지정된 것은
그다지 의아한 문제가 아니다
초등의 방학 시절, 가로수를 타고 올라
장수하늘소를 잡았다고 외치던 동급생의
의기양양하던 그 표정을 오래 간수하고 있다
집으로 돌아갈 적에야 슬그머니 건네주던,
곤충 채집의 숙제를 해결했다고 으스대던,
추억은 왜 나이가 들어도 펄펄 살아 날뛰는 것일까
성장의 마디마다 툭툭 끼어들던 그 애는
끝내 내 삶의 주어가 되지 못하였고

어떠한 미사여구로도 표현되지 못한 생의 한 구절은
여전히 머릿속에서 빙빙 돌고 있다
쉬이 잊히지 않는 장수하늘소 한 마리
내 기억의 골짜기에서 장수를 누리는 중이다

몽돌

둥글둥글 두루뭉술
얼마나 구르고 부딪치면 저렇게 될까
개성도 없이 특징도 없이 오직 한 모습이다
파도가 들락거릴 때마다
변함없는 언어와 노래로 맞이하고 보낸다
바람에 닳고 물에 깎이면서
얼굴이 닳아 갈 때마다 어떠한 거부 반응도 없던
원초의 존재들이 아름다움을 덧대고 있다
모를 깎는다는 것은 뼈를 깎는 일이다
아침마다 피 흘리던 간밤의 고통쯤은 까마득히 잊고
반질반질 매끄러운 얼굴로 태양을 맞이하는 돌멩이들
늘 그 자리에서 시간의 흔적마저 지워 가며
무위의 생을 저항 없이 받아들이고 있다
개성을 죽이고 특징을 죽이고
성깔도 죽이고 이념도 죽이고 또 죽이고
둥글둥글 어울려 살아가는 몽돌 해변에서
이목구비 닳아걸고 몽돌로 살고 싶었다

육아

첫아기를 업고 시외버스를 탔다
미어터지는 명절의 차에서 양보받은 좌석
보채고 울고 우는 아기 때문에
진땀은 막 쏟아지는데
―젖 먹이세요
―젖을 먹이세요
화끈화끈한 부끄러움을 무릅쓰고
보름달처럼 퉁퉁 불은 유방을 꺼내 물리자
이마에 송골송골 땀방울을 맺어 가며
젖을 먹는 어린 내 새끼
순식간에 우주가 다 조용해지고
복도에 섰던 젊은 청년들이
경이로운 듯 지켜보던 순수의 얼굴들
수십 년이 지나도록
가슴에 동동 떠다니는 그 해맑은 눈동자들
육아기育兒記에 기록되어 있다
젖가슴을 열던 용감한 새내기 엄마

증거

늦가을 묘목 시장
검은 비닐로 발목을 동여맨 묘목들이
말라붙은 이파리 몇과 함께
종種을 증명하는 과실을 한두 개 달고 서 있다
확실한 증거다
본적지를 갈아타고 어디론가 이식될 묘목들
부지런한 주인을 만나면 숨소리 섞어 가며
과수원의 자양분을 나눠 먹으며 함께 늙어 갈 것이다
내가 낯선 가문에 이식되어
그리움조차 아껴 먹으며 뿌리내렸듯이,
세상은 결코 진실한 곳도 아니고
인생은 허술하기 짝이 없다는 것을 안 것도
그때였지만 딱히 뾰족한 묘수도 없었다
그로부터 지금까지 나를 증거로 내놓으며 산다
좀 더 나은 증명을 위해 나름대로 노력하지만
매번 헛수고일 때가 많다
몇 번의 장날을 들락거렸는지
물러 빠진 단감이 분홍빛 속살을 뭉텅뭉텅

내려놓기 시작한다
서녘 해도 심장이 터졌는지 붉은 핏물을
콸콸 쏟아내는 묘목 시장
증거가 사라지는 건 순식간이다

호모 스마트포니쿠스의 하루

잠시만 떨어져도 불안해
창문도 없는 고시원 쪽방이거나 원룸이거나
이것만 있으면 외롭지도 않아
활기찬 사람들은 건물 속으로 쏙쏙 들어가고
스마트폰만 만지작거리는 호주머니 속의 손, 손들
전혀 스마트하지 않는 하루하루에 길들여졌다
들풀처럼 일어서고 싶겠지만
좀처럼 기회는 오지 않았으므로
네모난 스마트폰만이 유일한 탈출구며 삶의 통로
몇 군데 넣어 둔 이력서가
어떠한 애프터도 소환하지 않을 때
미래조차 미래를 인정해 주지 않을 때
밥 한 숟갈 떠 넣고 폰 한번 들여다보면서
인터넷 속도와 와이파이에 촉을 세우는 일이
일상의 궤도가 된 지 한참이다
이제 세상은 미디어 아닌 것이 없고
모두가 호모 스마트포니쿠스로 변종되었다
새로운 인간의 종種이 탄생한 것이다
그들에게 절실히 필요한 것은

사실 자연스레 살아가고 싶은 본능이겠지만
자연은 멀고 현실은 코앞이다
누구나 신종新種 인간에 편승하여
꽉 닫힌 생의 출구를 열어야 한다

폭우

하늘이 뚫렸는지 빗물이 세차다
굵은 물줄기는 양철 지붕이나 슬레이트 지붕을
드럼 치듯 빠른 템포로 두드리며 신명까지 더한다
겹겹이 밀려온 물의 군단들은 언덕을 뭉개고
나무들을 쓰러뜨리고 외딴집을 휩쓴다
층층의 물이 도시를 섭렵하자
지하 셋방과 지하도는 물의 지옥에 든다
차도에 들어선 자동차는 흙탕물에 처박히거나
종이배처럼 둥둥 뜨다 가라앉고
사람들은 차 안팎에서 목숨줄을 놓치기도 한다
출근길의 뽀뽀가 식기도 전의 일이다
오래된 건물에서는 비 맞은 생쥐들의 몰골이
허름한 추억처럼 기신기신 빠져나온다
사라호 태풍을 겪던 유년에
물의 침략이 불의 침략보다 더 허망하다는 말을
어른들께 들은 적이 있다
물은 천 개의 얼굴을 가진 게 분명하다
시루떡처럼 반듯반듯하던 논들은
하나가 되어 수십만 평의 물바다를 이루었다

대책 없이 바라볼 수밖에 없는 현장에서
인간 세상도 저처럼 평평하고 고르게 펼쳐졌으면
좋겠다는 생각이 머리를 든다
탕탕평평하다는 말을 곱씹어 본다

미혹

연못가의 매화나무가
꽃망울 줄줄이 꺼내 놓고 침묵에 갇혀 있다
만개하기엔 아직 이른 날씨, 연못은 제 본심을 유지하느라
명경 같은 수면을 마음 닦듯 닦고 있다
버드나무가 휘파람을 불었으나 그 어느 것도 화답을 주지 않는다
사람의 마을로 가는 길은 멀고도 멀다
습관처럼 번식하는 햇살, 넓은 들판까지 장악하는 빛의 행보를 보며
몽롱한 충동으로 내 안에 갇힌 봄을 감당하기엔 벅찬 순간이다
이럴 때, 나무들은 허리를 꺾고 비틀어 꽃을 토해 내며 몸을 비운다
그렇게 슬금슬금 꽃이 오고 봄도 오는 것이리라
사람들을 보려고, 봄을 꾸며 주려고 꽃은 오는 것이리라
예언처럼 폭발하는 축복의 봄꽃들
뒤를 이어 따라오는 혼령 같은 사내도 하나 보인다

미혹하고 싶어라 미혹 당하고 싶어라
그 앞에서 무엇이어도 좋을 것만 같은 봄날이어라

꽃밥

이팝나무가
이팝나무가 밥을 짓는다
푸른 장작불 활활 타는 가마솥
뜨거운 김 쉭쉭 올리며
뜸까지 들여가며
이팝나무가 밥을 짓는다

이팝나무가
나무 주걱으로 푼다
하늘에 고봉밥
고봉밥 먼저 올리고
출출한 이웃들에게는
두레 밥상 차려 마음껏
마음껏 먹게 하네
사람들은 바라보며
―보기만 해도 배부르다
―올해도 풍년 들겠네

오뉴월의 이팝나무들은 종일토록

하얀 꽃밥을 지어
꽃밥을 지어
하늘과 땅, 사람들의 정신까지
넉넉하게 채워 준다네
하얀 꽃밥을

※작곡: 이주훈, sop: 오송하

가성비보다는 가심비

그득한 강물보다는
흥얼흥얼 콧노래로 흘러가는 냇물이 더 좋았어요
능수버들 휘영청 휘어잡은 둥근달보다는
다소곳한 초승달의 매혹적인 몸태에 마음이 머물렀어요
변함없는 진실과 믿음만 있으면 그만이던 시절
풀꽃 반지 끼워 주는 가난한 감동에
눈물 한 방울로 여린 속내 들켰을 때
속울음까지 꺼내는 당신을 사랑할 수밖에 없지요
그때 당신은 이미 정신의 부자 마음의 부자였거든요
가성비價成比보다는 가심비價心比에 생의 방점을 찍던 당신을
외면할 생각조차 하지 못한 나는 바보였을까요
언젠가는 우리도 저물어 황혼의 강가에서
서로의 뒷모습을 쓰다듬겠지요
갈대꽃 춤추는 물기슭에서
당신은 나의 꽃 나는 당신의 꽃이었다고
읊조릴 수 있다면 얼마나 아름다운 결말일까요

세교 근린공원 · 3
―모과

 노르스름 익어 가는 모과들
 울퉁불퉁 못생긴 토종이지만 맛과 향기는 더 좋다
고들 한다
 나무를 올려다보며 큼직하고 누런 것에 시선이 꽂
히자
 ―따 드릴까요?
 몇 번 마주친 건장한 아저씨가 공원의 대 빗자루를
갖다 대지만
 나무는 높고 빗자루는 닳았다
 그냥 두라고 해도 펄쩍펄쩍 뛰어 보이며 막무가내다
 마침내 빗자루를 던지고
 ―내가 목말 태워 줄 테니 올라타서 따시오
　 어깨를 밟아도 좋소
 ―아니 아저씨, 제가 몇 킬로나 나가는지 아세요?
 ―나는 86킬로에 운동으로 단련된 몸이라 끄떡없
　 다오
 두 사람 나이를 합하면 140이 넘고도 남을 터
 그냥 집으로 오는데 실실 웃음이 나온다
 허파에 바람 든 것처럼

세고 근린공원·5
—이웃

　잠깐의 휴식이 너와 나를 한 벤치에 앉힌다
　높은 아파트 건물에 걸려 넘어진 바람도
　슬그머니 우리 곁에 드러눕는다
　층층의 생을 발라먹기에 공원만 한 장소가 그리 흔한가
　까발려지는 생의 맨얼굴을 뜯고 씹는 재미도 무시하지 못한다
　자잘한 가을걷이를 입담으로 해치우며
　본심은 깊이 감추고 있다는 것도 인정한다
　간간이 의견의 일치를 보기도 하지만
　한 벤치에 앉았다고 해서 매번 마음이 통하는 것은 아니다
　너는 너의 이야기를 하고
　나는 나의 이야기를 하고
　신이 되고 싶지 않은 무욕無慾만은 같아서
　사람이 어떻게 하늘이 되고 산이 되는지는 알고 싶지 않다
　때가 되면 동시에 일어나서 풀방구리에 생쥐 드나들 듯
　저마다의 현관을 찾아가는 무해한 나의 이웃들

세교 근린공원 · 6
— 사람 일광욕

두툼한 햇볕은 시간을 녹이고
노인들은 몸과 마음을 녹이며 공원의 일부가 된다
화살나무 곁 긴 벤치에서
할아버지들은 장기를 두고 할머니들은 햇살을 만지작거린다
그들이 공원 한때를 차지하는 것은
햇볕보다는 사람을 쬘 수 있는 공원의 부가가치 때문이다
노령의 길들은 길지도 멀지도 않아
그저 사람이나 쬐며 한두 가지 지병을 자랑하며
작은 관심이라도 받게 되면 그런대로 운수 좋은 날이다
아들은 이미 족보와 같은 위치에 올라 있으므로
자식 이상의 의미를 요구하기도 어려운 존재가 되었다
이럴 때 화살나무는 이름값이라도 해야 한다는 듯
오후의 일광을 꿰어 시위를 당긴다
잠시 허공이 휘청거렸고 노인 하나가 장기판을 접는다
하루가 셔터를 내릴 차례다

세고 근린공원 · 7
—사람 인人

어제는 폭설을 받아내느라 공원도 힘들었다
오늘 아침은 투명한 햇살 수건으로 물기를 닦는다
비둘기 두 마리가 백설을 쪼는 모습이
이른 아침 공양을 드는 수도승처럼 경건하다
둘이란 숫자에는 외로움이 끼어들 틈이 없다
한 마리가 푸드덕 소나무 위로 올라가자
다른 한 마리도 따라 오른다
나뭇가지가 눈을 털어내며 얼른 자리를 내어 준다
비둘기도 나무도 세속의 인연을 소중히 받드는 몸짓이다
서로를 받쳐 주는 人 자字가 그러하다
사람들은 人 자字 사용법을 배우고 익히기 위해 바빠야 한다
마실 오는 이웃들
공원은 식구 전체를 앞세워 그들을 맞이한다
태양은 눈더미를 무두질하느라 진땀을 흘리고
서로를 부축하며 미끄러지지 않는 人. 人. 人.

제4부

나무와 책

 나무와 책은 종이 한 장 차이다
 산을 잃은 나무들이 잘리고 저며져 글자를 입는 동안 숲들은 세상에 초록을 나르고 태양의 날들을 채색한다. 책을 펼치다가 먼 산을 바라보면 우람한 나무들도 흔들리며 바로 선다는 것을 알게 된다

 책 속에서 우뚝우뚝 발기하는 나무들

 그들의 어휘와 문법을 훔치려고 깊은 골짝을 헤맸으나 헛수고가 많았다
 그들의 영혼을 받아 적기 위해 백지 한 장에 정신을 쏟고 청춘을 소진했으나 후회는 없다. 흥망성쇠가 다 종이 한 장 차이다

황금 별꽃

텃밭 울타리가 울타리답게
보이는 것은 호박 덩굴 때문이다
간당간당한 허리춤에 크고 작은 자식 예닐곱을 매달고
또 하나의 막둥이를 품는 중이다
이슬 한두 방울로 목을 축이는 암술과 수술들
금가루를 흩날리는 꽃잎들의
시간이 차마 거룩하여라
나는 이름 없는 들꽃의 첩자였을까
텃밭을 일구느라 밭고랑에 새우처럼 웅크린 엄마를
애써 외면한 적이 있다
내 몸의 피와 살과 뼈들, 심장의 근원이던 사람
그 고요한 미소를 받아먹지 못하고
내가 애써 찾으려 했던 것은 과연 무엇이었을까
틈날 때마다 인생을 조롱하는 사이에
인생도 쉬지 않고 나를 조롱해왔음을 이제는 안다
울타리 앞에 쪼그리고 앉아
아침 내내 어머니 필생의 과업인 호박꽃을 읽는다
황금 별꽃으로 고쳐 읽는다

아바타

모처럼 홀가분해져서
텔레비전도 왕왕 털어놓고
트로트도 신나게 따라 부르다가
이내 시들해져서 소파와 한몸이 되어
비몽사몽 사이에 빠진다
분명히 혼자인데
까치발로 지나가는 소리
냉장고 뒤적이는 소리
옷깃 스치는 소리
세면대에 물방울 떨어지는 소리
바람이 들여다보고 가는 소리
미세한 소리에 이끌려
창문과 냉장고와 욕실 방들을 확인한 후에야
예민해진 신경을 끈다
식구들이 돌아올 시간은 까마득한데
그제야 어렴풋한 느낌이 고개를 든다
집을 나설 때 아바타 하나씩은 남아 있다는 것을
그림자로 냄새로 소리로 숨어 있는 화신들이
빈집을 관장하고 있다는 것을 안다

밤길

과수원을 지나
공동묘지를 지나 돼지농장으로 가는 길
칠흑같이 어두운 밤길을 초등학교에 갓 입학한
딸의 손을 잡고 간다
ㅡ엄마, 오늘 학교에서 배운 노래 불러 줄게
 ♪♬늪지대가 나타나면은 악어 떼가 나올라, 악어 떼,
어린 딸은 즐거이 노래하고
젊은 엄마는 사방이 무서워 벌벌 떨면서도 맞장구를 친다
여기저기 무덤을 열고 귀신이 출몰하거나
악어가 있을 리도 만무하건만
오금이 저리도록 무섭고도 무서웠다
어디선가 확 튀어나올 것 같은 흉악한 짐승 같은 사람 생각에
온몸이 떨리는데 딸내미의 노래는 신바람을 탄다
엄마만 있으면 세상 무서운 줄 모르는 딸
죽은 사람보다 산 사람이 더 무섭다는 것을 알 리 없는
어린 여식의 손을 꼭 잡고 과수원을 지나
공동묘지를 지나던 날들이 있었다

반드시 오고야 말 행복

금빛 찻잔을 꺼내 놓고
마리골드 가득 채운 삼각망을 넣는다
따끈한 찻물을 부으면 기지개 켜는 꽃의 부활
마치 신생을 보는 듯하다
마른침 한번 넘기고 타는 입술 적시는데
금잔화 가득한 유년의 꽃밭이 어룽거린다
혼자만의 오롯한 시간
은은한 금색 꽃물에 심신을 적시며
잔을 비워 가며 다시 채워 가며 솔솔 피어나는
향기에 취하고 기분에 취하여
또 다른 나를 발견한 것은 아이러니한 소득이다
내 안에는 도대체 몇의 내가 존재하고 있는 것일까
꽃차의 효능 같은 건 밀쳐 두고서
꽃물에 흠뻑 젖어 보는 것만으로도 족한 시간
내 몸을 타고 돌아다닐 빛깔과 향기를 생각하며
찻잔이 넘치도록 노르스름한 꽃물을 부어
반드시 오고야 말 행복※을 마신다

※마리골드 꽃말

고소한 수다

아파트 알뜰시장
트럭 점포의 여자는 옛날 풀빵을 굽고
사내는 추억의 호떡을 만든다
척척 맞아떨어지는 수화와 손맛이 익는 동안
모인 입들은 말을 삼키며 조용한 차례를 기다린다
현란한 손놀림의 거래
어떠한 주문과 계산도 다 주물러 버린다
약삭빠른 시대의 진화를 외면한 먹거리
따끈따끈한 봉지를 들고 돌아가는 사람들
추억은 고래 심줄보다 질긴 것이었다
틈틈이 수화를 나누는 두 사람
세상의 모든 언어가 거침없이 오간다
바람은 곧 저들의 언로言路를 지워 버리겠지만
가슴에 박힌 말의 뼈들은 생의 심지가 될 것이다
갑자기 사내가 핸드폰 화면을 들여다보며
익살스러운 표정으로 두 손을 마구 부린다
서쪽으로 가던 태양이 붉은 혀를 내두르며
한참이나 내려다보고 있다

갈색빛 신용 카드

돌아보니 가을이다
익숙했던 것들의 반란 같은 변신을 보며
빛깔과 색깔의 교차로에서 잠시 환희를 맛본다
가만히 서 있기만 하던 가로수들이 석양을 맞받으며
색색으로 물들인 머리칼을 바람에 말린다
울긋불긋 이파리들이 바람의 등을 타고 날아간다
나의 가을은 갈색빛, 잘 익은 생을 복면처럼 들쓰고 왔다
어깨에 낙엽 두어 장을 훈장처럼 얹어 주는 느티나무
잘 견뎌 왔다는 귀엣말도 빠트리지 않는다
사는 일이 견디는 일임을 깨달은 지도 꽤 오래되었으므로
적막이 노려봐도 두려울 것 하나 없다
멀리서 구름을 타고 날아드는 삼라만상의 진언들
가슴속에 안착시킨다
연두와 초록의 시간을 알뜰하게 다 쓰고 재발급 받은

100년 만기 내 삶의 갈색빛 신용 카드
낭비 없이 알뜰하게 쓸 작정이다

애정의 쌀

벼꽃이 필 때마다
농부들의 얼굴에는 웃음꽃이 핀다
소박하기 그지없이 닮은 꽃
천 석의 미소로 화답하며 곳간을 채웠었다
세상이 아무리 변해도
마른 논에 물 대고 모 심어 가꾸고
경작하는 과정은 생략을 불허하는 필수 코스다
물 들어오는 들판을 향해
종아리 불끈거리며 삽 메고 나서던 아버지
따라온 흙냄새가 지금도 코끝을 간질인다
부모님은 진실만을 구하는 흙의 자손이었다
두 분이 경작한 애정의 쌀
그 더운 밥을 먹으며 따뜻하게 자란 나는
여전히 쌀밥을 먹고 산다
윤기 좌르르한 하얀 쌀밥을 떠먹을 때마다
실핏줄까지 꿈틀대는 신비로운 힘
그 힘의 원천은 부모님이시다

우주 떨어지는 소리

추석이 코밑이면 태풍도 코앞이었다
쌤통 폭풍우 몰아칠 때
추녀 아래 나란히 서 있던 오빠들
단감 떨어지기만 기다리고 있었다
쿵, 소리와 함께
주먹만 한 우주 떨어질 시간만 기다리던 시절
차례상에 올리기 전에는
절대로 따먹지 못하게 하던 어른들의 엄포에
자식들의 맹종도 만만찮았다
한가위가 가까워지고 태풍이 닥치면
쿵, 간 떨어지는 소리
잽싸게 뛰어가던 오빠들의 달음박질 소리
다디단 핏줄의 그리움 소리
이제는 꿈속에서나 들어보는 그 소리
단감 떨어지던 소리

깃대종

통복천 꼬리명주나비 서식지
쥐방울덩굴을 심던 자연 애호가들은 다 어디 가고
잡풀만 무성하다
겨우 초록 한점 거머쥐고 버티던 신비로운 나비
수컷과 암컷의 구분 분명한 무늬들
아래쪽 날개 끝에는 긴 꼬리가 한 쌍
그 비단 날개 팔랑팔랑 날아간 나들이가 길구나

깃대종을 보호하는 일은 사람을 보호하는 일
이들이 사라지면 아닌 것들도 사라질 것이 뻔해
쥐방울덩굴을 더 심고 나비를 불러들이자
어마어마한 책임을 지고 돌아올 꼬리명주나비야
수원청개구리야 금개구리야 맹꽁이야
종족의 의무를 잊지 말거라
햇빛 달빛 물빛이 좋구나
꼬리명주나비 서식지에 연둣빛이 돈다
빛 좋은 천변에 쥐방울덩굴을 더 심어야겠구나
인간이 깃대종이 되어서야 쓰겠느냐

근황

무표정 하나로 고요를 사수하는 연못
요동치는 수면을 보고 싶었으나
연못은 여전히 수평의 마음을 담아내고 있다
목련꽃이 보랏빛 미소를 보내 주었으나 아는 척을 하지 않았다
겨울을 닫고 봄을 여는 것들의 기세가 파르르 봉기한다
청춘의 한 시절, 고도를 탐독하고 고도를 기다렸으나
끝내 만나지 못하고 허무함만 가슴 가득 쌓은 적이 있다
고도의 행방을 연못에 담긴 물은 알고 있으리라
연못을 이룬 것은 제일 높은 곳에서 뛰어내려
제일 낮은 곳에 자리 잡은 빗물들이니 아는 것이 분명할 터
한 곳에 안주한다는 건 저처럼 편안하고 잠잠한 일이었어
나무가 피워 내는 연꽃에게
눈 맞춰 주지 못한 것이 자꾸 미안해진다
무작정 착한 사람이 될 것 같은 두려움을 극복하지

못한다
 내일은 저 연못의 속내라도 알아볼 작정이다

자물쇠

유년의 앞마당에 그득하던 햇살과
행랑채 창고를 거머쥔 큼직한 자물쇠
만지면 손바닥에서 오랫동안 쇳내가 묻어났다
어쩌다 발등에 떨어트리면
깨금발을 뛰며 눈물까지 찔끔거렸다

아침에는 열리고 밤에는 잠기던 거무스름한 자물쇠
그만한 자물쇠를 지금까지 본 적이 없다
창고에는 큼직한 쌀 뒤주와 꽉꽉 쟁여진 자루들이
많았다
 가끔은 고양이가 새끼를 낳던 창고
 머릿수건을 하고 틈틈이 창고를 정리하던 엄마
 엄마는 우리 집의 창고지기였다
 어느 해 봄
 외출이 화려한 큰언니가 창고에 갇힌 적이 있다
 아버지의 호통과 회초리 소리가 들리고
 울며불며 비는 언니의 애절한 목소리가 새어 나오고
 두려움에 떨든 나는 그대로 잠이 들어야 했다

먼 세월을 건너 추억으로 달려온 창고
자물쇠가 열리면 내 성장기의 의문들과
아버지 어머니의 생애가 소설처럼 읽힌다
나는 이 향기로운 책을 탐독하며 성장하였고
지금은 나만의 작품집을 퇴고하는 중이다

물방울의 꿈

내가 하나의 물방울이었을 때
먼 여행을 떠나 바다로 가는 꿈이 있었어요
졸졸거리는 시냇물에 업혀 가다가
듬직한 강의 등에 올라타게 되었는데요
과묵한 표정으로 흐르는 듯 정지한 듯 꿈틀거리는
그 몸짓에 적막의 포로가 된 줄 알았어요
그것이 낯선 나를 보는 일이었지만
이전의 나를 잃을지도 모른다는 불안감도 만만찮았어요
빈 곳의 시간을 즐기면서
어디까지가 해탈이고 허탈인지를
구분하게 된 것은 아주 값비싼 소득이었지요
구름이 투하하는 물 폭탄을 맞은 적도 많지만
삶의 저지대에 익숙한 나는 눈썹 하나 까딱하지 않아요
시간의 여행이란 마음을 씻고 헹구는 본성으로
삼라만상의 이치를 이해하는 일이지요
바다의 입구에 도착한 강은 슬픔마저 꿀꺽 삼켜 버려요

뛰어들까 말까 몇 번의 결의가 내 안을 들락거렸지만
바다의 율법에 맡기기로 했어요
마음을 적셔 주는 촉촉한 파도 소리
웅장한 갈채 소리에 그만 무너지고 만 거죠
바다만 한 미래가 없다는 것을 깨달은 것도 그때였어요
드디어 바다의 호적에 올라 바다가 되었어요
꿈은 이루어지는 것이었어요

홈타운

긴―가뭄에 동네 우물들이 마르고 있었다
바닥을 긁느라 비뚜름하게 닳은 두레박
아버지는 대문을 잠그지 못하게 엄명을 내렸다
집안에 우물이 있는 집은 몇 집뿐이니
한 방울의 물도 나눠 먹어야 한다는 이유다
밤이면 동네 아낙들은 이웃 마을로 물 동냥을 다녔다
달빛이 홍건하던 밤
출렁이는 동이를 이고 깔깔거리던 아낙들의 수다는
호기심 가득한 소녀기의 해설사로 충분했다
남자들은 수맥을 찾아 새 우물을 만들기로 했다
뒷산 아래를 파고 묻고 파기를 거듭하다가
큰 물줄기를 찾았을 때의 환호성은 거창했다
새 공동 우물이 만들어지고는
그 어떤 가뭄도 가뭄 노릇을 하지 못했다
텔레비전이 문명 시대를 전파하자
동네 사람들은 아버지를 부추겼고
아버지는 흑백의 그것을 흔쾌히 들여놓았다
졸지에 우리 집은 야간 극장이 되었다
할배 할매 아재 고모 이모의 촌수가 뒤섞이고

통학 버스를 타던 나의 일상은 불면을 앓았다
텔레비전이 애국가를 불러야 사람들은 돌아가고
댓잎에 앉아 놀던 별들도 하늘로 올라갔다
마당엔 별빛 같은 시가 떨어져 있었다
그것 몇 개만 주워 먹어도 배부른 사춘기였다

밥 사주고 싶었다

전화가 뜸해지더니
몇 년 동안 얼굴 한번 보여 주지 않았다
언제 한번 만나자고 하면 대답만 하던 친구
이리저리 미루고 피하다가
자연스럽게 멀어진 친구
전화까지 탐탁하게 여기지 않아서
건드려도 안 될 것 같아서
그냥 내버려 두었다
그러다가 전화가 왔다
―이래저래 바쁘고 일은 자꾸 터지고…
그러면서도 핵심적인 알맹이는 쏙 뺀다
힘든 일이 있구나 싶어서 묻지 않는다
자존심만은 남산보다 높은 친구이니,
핑계 같은 이유를 듣는 둥 마는 둥
더 들어볼 필요도 없이
밥 사주고 싶었다
따뜻한 밥부터 먹이고 싶었다

폭설의 아침

우와!

다 지워 주셨다
다 덮어 주셨다

잘 살아야겠다

해설

> 해설

우리 모두에게 유효한 시학
―배두순 시인의 시 세계

유한근 | 문학평론가

　배두순 시인은 경남 김해에서 출생, 국제대 문예창작과를 졸업하고 격월간 《정신과 표현》으로 등단하고, 시집 『숯 굽는 마을』, 『반달이 돌아왔다』, 『황금송아지』를 출간한 중견 시인이다. 그리고 경기문화재단 우수문학 창작지원금, 평택문학상 기금 수혜, 세종도서와 문학나눔에 선정되고, 경기문화재단 경기작가 출간지원금을 받고, 경기도문학상, 평택문학상, 천강문학상, 평택예총예술대상 등 다수의 수상 경력으로 작품의 우수성을 인정받는 시인이다.
　배두순 시인의 시에 대한 평가 중에 주목되는 비평문은 시집 『반달이 돌아왔다』 해설에서 시인의 "시들은 거의 예외 없이 그가 만난 무수한 사물들에 대한 이야기이고, 시의 제목들은 대부분 그 사물들의 목록이다. 시인은 매번 만난 사물들에 자신의 내밀한 서사들을 투여하는데, 이 모든 서사들은 무엇보다 '일상'의 서사들이다"(오만석의 〈일상의 사물, 사물의 일상〉 해설 중에서)는 평가를 받고 있는 시인이기도 하다. 이 말이 의미하고 있는 바는 그의 시는 일상적 사물에 대한 다양한 인식 과정의 시라는 점이며, 그 표현 구조는 서사라는 점이다. 그 일단―端을 공감하면서도 그의 시를 현상학적으로 접근했다.

 이런 맥락에서 필자는 그의 시에 대한 시를 탐색할 수 있는 범위 안에서 무작위로 일별하였다. 그 결과 배두순 시인의 시의 다양성과 중후함에 압도당했다. 압도당했다는 표현이 결코 과정되지 않음을 그의 시를 정독한 독자들은 수긍하고 동조할 것이다.

 그러나 독자들은 그의 시를 관통하고 있는 배두순 시의 특성인 전통과 낯선 새로움이라는 상반적 특성에 절망하게 될 것이다. 그의 시의 전통성은 민족적인 성향이며 낯선 새로움은 첨단의 현대적인 취향과 표현 구조를 의미한다고 할 수 있을 것이다.

1. 역사 전통 미학

 '조선간장'은 우리의 재래식 간장을 의미한다. 공

장에서 생산되는 대량의 간장 제조 방법이 아닌 우리나라의 장독대에서 전통적인 방법으로 만들어진 간장을 의미한다. 이 사물에 대한 관심과 인식은 엘리엇이 말한 역사의식이나 전통의식까지 거론하지 않아도 우리의 옛것에 대한 관심이나 애정 없이는 가능하지 않은 인식이다. 조선 여인의 역사를 간장이라는 표상물로 설정하고 있다는 점에서도 이는 충분한 판단이다.

> 단맛 쓴맛 입맛 모두 잃고
> 치명에 다다라서야 받아안는 흰죽 한 그릇
> 마음만은 더없이 맑아지고 고통조차 투명해진다
> 조선간장 한 숟갈에 참기름 한두 방울 떨궈
> 쓰디쓴 입맛을 수습한다
> 간장이 거들지 않으면 제맛도 모르는 흰죽
> 한 숟갈씩 넘길 때마다 은근히 끌어당기는
> 간간하면서도 깊은 단맛에
> 쓰러졌던 미각이 깨어나고 죽은 입맛이 살아난다
> 어둡고 짠물 어디에 재생의 힘이 들어 있을까
> 귀가 열리고 소리까지 들리는 것은
> 내 삶의 네버엔딩 스토리 때문만은 아닐 것이다
> 간장을 담그는 일은 가문을 잇는 일이며
> 씨간장을 보존하는 일이다

씨간장은 묵을수록 빛나는 순흑빛
어머니의 장독에는 어머니만의 하늘이 살았다
햇무리 달무리 별무리 번갈아 어루만지며
씨간장을 보존하고 가문의 씨를 지키고 길러 냈다
간장 달이는 날에는 며느리 밥은 없던 시집살이
손가락으로 간장 한번 맛보고 물 한 바가지 마시면
한나절은 거뜬히 넘겼다는 조선의 여인들
우리의 역사는 간장의 힘으로 이루어진 것이 분명하다
인생이라는 간장 맛까지 알고 나니 오감이 다 향긋하다
전쟁 같은 삶을 무사히 살아낸 어머니들은
이 향긋함의 진수를 누리고 즐길 줄 알았으리라
간장독을 비우면 빛나는 흑요석이 한 움큼
그것을 빨아먹으면 뛰놀던 유년이 달려온다
조선간장의 힘으로 달려온다

—〈조선간장〉 전문

이 시의 재생적 상상력은 시인의 유년의 체험인 흰 죽 한 그릇에 "조선간장 한 숟갈에 참기름 한두 방울 떨궈/ 쓰디쓴 입맛을 수습"했던 기억이다. 그 기억을 소환하면서 이 시는 발상된다. 그래서 수미상관 미학 구조인 이 시의 결말 부분 3행인 "간장독을 비우면 빛나는 흑요석이 한 움큼/ 그것을 빨아먹으면 뛰놀던 유년이 달려온다/ 조선간장의 힘으로 달려온다"라는 시행이 가능해지는 것이다. 여기에서의 '흑요석'이라는 참신한 시어의 번뜩임도 간과할 수 없는 부분이다.

  이런 시인의 유년 체험은 미각으로 살아난다. "간장이 거들지 않으면 제맛도 모르는 흰죽/ 한 순갈씩 넘길 때마다 은근히 끌어당기는/ 간간하면서도 깊은 단맛에/ 쓰러졌던 미각이 깨어나고 죽은 입맛이 살아난다"가 그것으로, 이런 시인의 특별한 사유로 "어둡고 짠물 어디에 재생의 힘이 들어 있을까/ 귀가 열리고 소리까지 들리는 것은/ 내 삶의 네버엔딩 스토리 때문만은 아닐 것이다"라는 인식으로 이어진다. 다분히 감성 논리적 사유이다. 그러나 시인은 여기에서 사유를 멈추지 않고 조선간장의 역사와 전통으로 사유를 전환한다. "간장을 담그는 일은 가문을 잇는 일이며/ 씨간장을 보존하는 일이다/ 씨간장은 묵을수록 빛나는 순흑빛"으로 이미지를 확장하며 순흑빛이라는 이미지는 앞서 언급한 결말 부분의 흑요석과 이미지를 유기적으로 구축한다. 그리고 어머니의 장독으로 이미지를 이동 전환한다. "어머니의 장독에는 어머니만의 하늘이 살았다"는 조선간장의 터전인 장독을 "어머니의 하늘"이라는 그 이미지를 연결시키고 어머니의 서사 즉 조선 여인의 서사를 덧붙여 환기시킨다. "햇무리 달무리 별무리 번갈아 어루만지며/ 씨간장을 보존하고 가문의 씨를 지키고 길러 냈다/ 간장 달이는 날에는 며느리 밥은 없던 시집살이/ 손가락으로 간장 한번 맛보고 물 한 바가지 마시면/ 한나절은 거뜬히 넘겼다는 조선의 여인들"이 그것이다. 그리고 이런 인식의 토로가 부족한 듯 "우리의 역사는 간장의 힘으로 이루어진 것이 분명하다/ 인생이라는 간장 맛까지 알고 나니 오감이 다 향긋하다/ 전쟁 같은 삶을 무사히 살아낸 어머니들은/ 이 향긋함의 진수를 누리고 즐길 줄 알았으리라"라는 사유의 말을 덧붙인다. 이러한 시행이 사족인 줄 시인도 알고 있을 것이다. 그러나 시인은 이를 감수하고 조선간장에 대한 자신의 전통 인식, 그 사유의 끝까지도 토로한다. 그것은 시인의 내면적 정서의 표출을 남김없이 보여 주려 하는 시인 정신 때문일 것이다. 이러한 배두순 시인의 시의 특징이 전편의 시를 관통하고 있는 시학임을 두말할 나위 없다.

그렇다면 전통적인 모티프가 아닌 현대적인 모티프의 시를 봐야 할 것이다. 시 〈천명〉은 폐허의 아파트촌에 마구 자란 갈대를 글감으로 한 시이다.

> 아파트촌 한가운데
> 수십 년 묵은 작은 건물 하나가 철거되고도
> 재건축의 기미가 없다
> 첫해 봄은 풀들의 신천지

두 번째의 봄은 삐죽삐죽 솟구치는 갈대의 선점이다

그렇다면 이 넓은 아파트 집결지가
한때는 광활한 갈대밭이었다는 말인가

바람이 불 때마다
공검空劍을 휘두르는 수천수만의 칼들이
거대한 군무를 보여 주고 있다
바람과 갈대가 빚어내는 눈부신 절정이다

피를 부르지 않는 군무는 저토록 아름다운 풍경이구나

귀신 같은 어둠의 아가리에 갇힐 무렵
―살아내거라
대를 앞세우는 종족의 단호한 명령이 있었을 것이다
가만히 귀 기울이면
끊어질 듯 이어지는 강물의 흐느낌이 들리고
소쿠라질 때마다 생의 촉 꼿꼿이 세우고
일어서는 푸른 생명력이 다부지다
천명天命이다
내 생의 뜨거운 불꽃을 피우기 위해서라도
저 갈대의 길을 다 배워야 한다

―〈천명〉 전문

이 시는 갈대의 끈질긴 생명력을 '하늘의 명령'인 천명天命으로 인식한 시이다. "귀신 같은 어둠의 아가리에 갇힐 무렵"이라는 특별한 시간대에도 "―살아내거라/ 대를 앞세우는 종족의 단호한 명령"으로 인식한 "뜨거운 불꽃" 같은 생명력을 표현한 시이다. 그것을 시인은 "끊어질 듯 이어지는 강물의 흐느낌이 들리고/ 소쿠라질 때마다 생의 촉 꼿꼿이 세우고/ 일어서는 푸른 생명력이 다부"진 천명으로 인식한다. 다분히 역사적이고 전통적인 인식이다. 위 4연의 "피를 부르지 않는 군무는 저토록 아름다운 풍경"의 이미지와도 연결되어 있다.

　이렇듯 시인의 에스프리 속에는 시적 대상이 현대적인 것이든 전통적인 것이라도 역사와 전통을 간과하지 않고 여과시킨다. 시〈수놓는 여자〉에서도 여실히 이를 보여 준다. "그녀의 손끝에서 궁중 예복과 금수오조원룡보/ 단호 단학 쌍호흉배 쌍학흉배들이 부활하는 동안/ 명경 같은 눈은 점점 희미해지고/ 머리카락은 듬성듬성해졌다"가 그것이다. 그러나 이 시에서 시인이 정작 쓰고 싶은 시심은 "피맛을 본 바늘"과 "오래 숙성된 시간의 맛을 아는 여자"이다.

　　수틀과 마주 앉아
　　종일토록 바늘을 주고받는 여자

겨우내 꽃을 피우면서 피맛을 본 바늘이
딴전을 부려도 찌르고 받기를 수십만 번
모란이 입을 열어 향기로운 비명을 내지르고
원앙이 날개를 펼칠 때까지
바늘은 철저히 여자를 소유했다
오래 숙성된 시간의 맛을 아는 여자
머리카락을 바늘귀에 꿰어 생명을 나눠 주는 여자
그녀의 손끝에서 궁중 예복과 금수오조원룡보
단호 단학 쌍호흉배 쌍학흉배들이 부활하는 동안
명경 같은 눈은 점점 희미해지고
머리카락은 듬성듬성해졌다
금사 은사 오색실로 땀땀이 길이 열리고
죽은 나무에 새순이 돋고 새들이 날아오는 동안
여자의 봄은 퇴색이 만연하다
꿈에도 입어 보지 못한 활옷을 펼쳐 서응조瑞應鳥의
눈을 밝히느라 머리카락 하나를 더 뽑는다
명인의 호칭을 받을 때까지
바늘은 얼마나 많은 피의 길을 누볐을까
한 땀 한 땀 그녀가 지고 있다

─〈수놓는 여자〉 전문

  여인이 수틀에 수놓는 바늘은 "겨우내 꽃을 피우면서 피맛을 본 바늘이"다. 그 바늘은 "딴전을 부려도 찌르고 받기를 수십만 번/ 모란이 입을 열어 향기로운 비명을 내지르고/ 원앙이 날개를 펼칠 때까지/ … 철저히 여자를 소유"한다. 그로 인해 여인은 "오래 숙성된 시간의 맛을 아는 여자/ 머리카락을 바늘귀에 꿰어 생명을 나눠 주는 여자"라는 것이다. 아름답고 섬찟하다. 필자는 여태 이러한 바늘과 여인을 본 적이 없다. 수놓은 여인과 바늘은 어떤 시에서 어떤 에세이에서도 본 적이 없다.(이 말은 비평가로서 자제를 잃은 토로이지만 감성 논리인 시의 핵을 접했을 때는 도리가 없다. 과거 선비들이 시조창처럼 '좋다'라는 말 한마디로 평가를 대신하듯이.)

그러나 바늘에게 철저히 소유당한 여인, 머리칼이 듬성듬성해진 여인은 "금사 은사 오색실로 땀땀이 길이 열리고/ 죽은 나무에 새순이 돋고 새들이 날아오는 동안/ 여자의 봄은 퇴색이 만연하"고, 처연하지만 '피의 길을 누빈 바늘' 처럼 질긴 생명력으로 여전히 아름답다.

2. 생명 미학

필자의 섣부른 판단인지는 몰라도 배두순 시인의 시를 일별하면서 지울 수 없었던 비평적 판단은 그의 시를 관통하는 또 하나의 특성은 '생명성'이라는 것이다. 우리 현대시사에서 생명파 시인은 청마 유치환과 미당 서정주이다. 청록파와 쌍벽을 세우기 위한 현대시의 역사적 판단이지만, 그들과는 달리 배두순의 시에서는 강력한 '생명성'이 관통된다. 그 생명성은 '깨달음' 혹은 '지혜'의 소산이다.

시 〈줄탁동시〉의 서두에서 보여 주고 있는 시행들, "태양의 부리들이 총력을 다해/ 나무를 쪼기 시작하고/ 나무 안의 꽃망울들도 동시에 껍질을 쫀다/ 안과 밖의 소통이 합일을 이루면서/ 폭발하는 꽃들의 신천지가 장관으로 펼쳐진다/ 동시同時, 같은 시간/ 결코 둘일 수 없다는 강경함이다"에서의 '줄탁동시'는 다분히 언어 인식을 통한 깨달음이다.

줄탁동시啐啄同時의 사전적 의미는 "병아리가 알에서 깨어나기 위해서는 어미 닭이 밖에서 쪼고 병아리가 안에서 쪼며 서로 도와야 일이 순조롭게 완성됨을 의미함"이다. 또한 "즉, 생명이라는 가치는 내부적 역량과 외부적 환경이 적절히 조화돼 창조되는 것을 말함"이라고 규정되어 있다. 이러한 사전적 의미에서의 이 시 〈줄탁동시〉는 병아리의 '쪼다'라는 이미지를 햇살과 나무와의 관계 양식으로 확대하여, "내부와 외부의 조화에 마음은 파동치고/ 꽃의 물결에 심신이 자지러진다/ 문득 벽암록이 깨어나고/ 수행하는 제자가 깨달음을 얻을 시기가 되면/ 스승도 그때를 단박에 알아차린다는 구절이 떠오른다/ 깨달음의 줄탁동시"로 칸트의 생산적 상상력과 미학적 상상력으로 확대시켜 그 시적 미학을 구조한다. 그리고 결말 부분에서 "꽃의 씨알들이 마구마구 깨어나고 있다/ 햇살과 나무가 동시에 쪼는 맛을 즐기는 사이/ 봄날의 흥이 외출을 부추긴다/ 누가 마다할 수 있으랴"라고 봄의 생명력을 노래한다.

이러한 맥락에서 시 〈솟대〉를 본다. '솟대'는 우리의 고유 민속으로, ①"농가에서 섣달 무렵에 새해의 풍년을 바라는 뜻으로 볍씨를 주머니에 넣어 높이 달아매는 장대" 혹은 ②"솟대쟁이가 탈을 쓰고 올라가 재주를 부리는 장대"라는 사전적 의미가 있지만, 그보다는 ③"마을 수호신 및 경계의 상징으로 마을 입구에 세운 장대. 장대 끝에는 나무로 만든 새를 붙여 세운 것"을 의미한 것으로 흔히 알고 이를 문학적 모티프로 차용한다. 그러나 배두순 시인의 시 〈솟대〉는 장대 끝에 붙일 새를 깎는 노인을 모티프로 한 시이다. 나무에 생명력을 부여하여 나무새로 만드는 노인의 서사이다. 첫 행의 "사내는 새를 깎아 하늘을 얻었다"가 그것이다.

사내는 새를 깎아 하늘을 얻었다
세상에 없던 높은 장대는 꿈을 세우게 되었다

땅에 박힌 심지에도 소박한 꿈들이 파릇파릇 깃들었다
　　많은 새들이 태어나고 사라지는 동안 하늘은 상심도
많았으나
　　사내의 마음은 평화로웠다
　　아름다운 저녁들이 몰려와 사내의 새들과 풍경을 엮을
때마다
　　그는 지나간 사랑을 반추하며 고요히 허공을 즐겼다
　　틈틈이 새를 깎아 생명을 불어넣는 동안
　　사내의 젊음도 서서히 빠져나가고 노인으로 갈아입었다
　　쭈글쭈글한 손으로 다시 새를 깎는 노인
　　손마디마다 박혀 있는 새들과의 인연이
　　세상 속으로 역류하기 시작하고 노인의 심장도 역류한다
　　노인은 다시 하늘을 품고 목재를 어루만지며
　　붉고 뜨거운 심장의 물결을 쏟아붓는다
　　언젠가는 새들이 짠 그물을 타고 하늘 여행에 오를 늙
은 사내
　　오늘도 부지런히 새를 낳는다

　　　　　　　　　　　　　　　　　　　　 ―〈솟대〉 전문

　장대 끝에 세울 새를 깎는 노인을 '솟대'로 인식하고 쓴 이 시는 "틈틈이 새를 깎아 생명을 불어넣는 동안/ 사내의 젊음도 서서히 빠져나가고 노인으로 갈아입었다"라는 시 구절을 통해 노인의 생명성을 솟대의 나무새의 생명으로 부여하는 행위로 표현하고 있다. 그것을 인연으로 연결시키기도 하고, 급기야 새와 하늘과 하나 되기를 몽상한다. 이 시의 결말 부분인 "손마디마다 박혀 있는 새들과의 인연이/ 세상 속으로 역류하기 시작하고 노인의 심장도 역류"하자, "노인은 다시 하늘을 품고 목재를 어루만지며/ 붉고 뜨거운 심장의 물결을 쏟아붓는다" 그리고 "언젠가는 새들이 짠 그물을 타고 하늘 여행에 오를 늙은 사내/ 오늘도 부지런히 새를 낳는다"가 그것이다. '새가 짠 그물을 타고 하늘을 여행' 하는 시인의 몽상은 솟대에 꽂은 새를 깎는 장인인 노인뿐만 아니라 시인들이 꿈꾸는 신비의 세계이고 초월의 세계일 것이다.

  그 표상물로서의 솟대 말고도 배두순 시인의 시에서는 '풍장'을 시적 대상으로 설정한다. 풍장, 그 자체를 모티프로 한 주목받는 시인들은 있지만, '풍장의 기술'을 모티프로 한 시는 배두순 시인이 처음일 것이다.

  배두순 시인의 시 〈풍장의 기술〉은 무시래기인 '무청'을 발상으로 하여, 풍장의 기술 즉 '마르기' '건조시키기'의 기술을 모티프로 한 특이한 시이다.

    무청을 본다
    겨울바람에 맡겨 버린 생의 결말들

새끼줄이나 끈에 엮여

시나브로 말라가는 초록 피돌기

가랑가랑 사각사각 몸 부딪는 소리

건채 숨넘어가는 소리

수족의 물기 한 방울까지 다 훑어내고

빳빳한 육신에 깡마른 바람 소리 입히며

영양소와 효능만은 남겨두는 풍장의 기술에

저만한 죽음도 없다 싶다

예나 지금이나 무청 시래기는 건강 식재료

엄동을 넘긴 어진 백성들의 부황든 얼굴에

부족한 칼슘과 비타민까지 공급했다지

가지런히 누운 시래기를 보며

푸성귀의 죽음에도 품위와 등급이 있음을 안다

나물로 된장국으로 우거지 조림으로 되살아날

맛깔스러운 주검들

모두 신선 같은 바람의 걸작품이다

―〈풍장의 기술〉 전문

  위의 시 1행 "무청을 본다"에서부터 6행 "건채 숨넘어가는 소리"까지는 무의 잎과 줄기인 무청을 겨울바람이 말리는 것을 보고 시인은 풍장을 생각한다. 그리고 그것을 "수족의 물기 한 방울까지 다 훑어내고/ 빳빳한 육신에 깡마른 바람 소리 입히며/ 영양소와 효능만은 남겨두는 풍장의 기술에/ 저만한 죽음도 없다 싶다"고 인식한다.

  그리고 다른 국면으로 시각을 돌려, "예나 지금이나 무청 시래기는 건강 식재료/ 엄동을 넘긴 어진 백성들의 부황든 얼굴에/ 부족한 칼슘과 비타민까지 공급했다지"라 환기하면서, "가지런히 누운 시래기를 보며/ 푸성귀의 죽음에도 품위와 등급이 있음을" 알게 된다. 무시래기의 건조를 '푸성귀의 죽음의 품위와 등급'으로 인식하는 그 사유의 과정과 "나물로 된 장국으로 우거지 조림으로 되살아날/ 맛깔스러운 주검들/ 모두 신선 같은 바람의 걸작품이다"이라는 마무리 시행까지의 시인의 사유는 어디에서도 탐색할 수 없는 시적 사유의 과정이다. 하지만 이 시에서 간과할 수 없는 부분은 "저만한 죽음도 없다 싶다"에서의 풍장의 미학이다. 지금은 장례 관습으로 남아 있지 않는 풍장에 관한 미학이 아니라, 무청 시래기의 죽음, 이것을 시인은 이 시의 서두 부분에서 "겨울바람에 맡겨 버린 생의 결말들/ 새끼줄이나 끈에 엮여/ 시나브로 말라가는 초록 피돌기/ 가랑가랑 사각사각 몸 부딪는 소리/ 건채 숨넘어가는 소리"라고 시각적, 청각적 등 감각적 이미지로 표현하고, "나물로 된장국으로 우거지 조림" 등 미각적 이미지로 표현하고 있다는 점에서 다른 각도에서 환기해 볼 수 있을 것이다.

  시 〈향일암에서〉의 여수 향일암은 바다와 해수관음보살상으로 유명하다. 이 시의 서두 부분 "오래 방관했었다/ 바닷물을 찍어/ 돌벽에 그리던 그대 얼굴과/ 끝내 그리지 못했던 그 마음을/ 보이지 않는 그 마음을/ 오래 방치하고 살았다"에서의 그대 얼굴은 바위에 새겨진 혹은 그린 부처상 혹은 보살상을 의미할 것이다. 그러나 이 부분에서 주목할 부분은 끝내 그리지 못한 마음, 방치하고 살았던 보이지 않는 마음이다.

    바다의 헤비메탈을 감상하며
    소금 한 줌의 내력을 더듬어보지만
    피사의 사탑처럼 비뚜름해진 마음으로는
    저 맑은 은유들을 해독할 수가 없다
    일렁이고 출렁이며 사는 생
    흔들리지 않는 것들은
    흔들리는 것들에 대한 모독일까
    마음이 내 것이 아닐 때만 찾아가서
    내 안의 고뇌를 쏟아내면
    다 받아 주던 바다
    부처 같은 바다의 음성을 들었다
    어젯밤도 바다를 퍼마시며

그 불멸의 설법을 듣고 또 들으며

물결마다 박혀 있는 생의 단초를 더듬었다

오랫동안 방치한 돌벽 앞에서

금빛 영롱한 바닷물을 찍어

품고 있던 천년의 미소를 그린다

―〈향일암에서〉 일부

 그러나 위의 시에서 보듯이 시인이 중시하는 대상은 "내 안의 고뇌를 쏟아내면/ 다 받아 주던 바다/ 부처 같은 바다의 음성"이고, 마지막 시 3행인 "오랫동안 방치한 돌벽 앞에서/ 금빛 영롱한 바닷물을 찍어/ 품고 있던 천년의 미소를" 그릴 수 있는 바닷물이다. 바다의 음성과 바닷물이다. 바다의 본체이다. 바다의 본체를 생명 그 자체로 인식하고 쓴 불교 인식이 바탕에 깔린 시이다.

 또한, 같은 맥락에서 시 〈생명 발전소〉에서 시인은 바다를 "영원불멸의 발전소"로 인식하고 있다. "모르는 것이 없고 안 가본 데가 없는 바다/ 생로병사의 비밀까지 몰려온 마지막 종착지" "죽은 것들도 많"고 "아픈 생명은 천만번의 재생술로 회생"시켜 "부패하지 않는 묘약 소금을 입혀 주는" "신생의 활력을 무한 생산하는/ 거대하고 청청한 심장"의 생명성으로 인식하고 있다. 그런 바다의 음성과 색깔로 방치

했던 돌벽에 천년의 미소를 그리고 싶다는 마음은 부처의 마음을 갖고 싶다는 시심이다. 곧 깨달음 혹은 지혜의 경지에 이르고 싶다는 마음과 다르지 않을 것이다.

'옥잠화'라는 부제가 붙은 시 〈꽃의 기행〉은 김해 신어산 서림사(은하사) 옥잠화를 모티프로 한 시이다. 영구암靈龜庵은 이름 그 자체가 시사하는 바처럼 가락국 건국 신화 관련 전승이 전해져 오는 신령스러운 불교 사찰 중 하나이다. 그곳 계단을 오르며 시인은 "구름은 나무마다 하얀 솜방망이를 걸어 놓고 길을 열어 주지 않네/ 인기척 마다하는 수행의 시간을 방해하지 않으마"라고 노래한다.

꽃이 필 때마다 몸살을 앓는다
서림사 옥잠화 꽃 고고한 그 자태에 넋을 빼앗기는데
꽃그늘을 지으려면 더 많은 꽃잎이 필요해
옥잠화의 여름살이는 한량없는 피우기를 다하고 있다
물고기 풍경을 희롱하느라 제 기운을 소진하던 놈팡이 바람
목탁 소리 뒷전에 두고 슬그머니 산문을 빠져나간다
첩첩이 소나무로 둘러싸인 영구암을 오르려는데
구름은 나무마다 하얀 솜방망이를 걸어 놓고 길을 열어 주지 않네

인기척 마다하는 수행의 시간을 방해하지 않으마
미련 없이 돌아서니 골짝 물소리가 귀를 씻어 준다
심신의 번뇌와 고통까지 모조리 훑어 내어 씻고 또 씻어 준다
오욕까지 다 씻기고서야 내려다보는 물길
어느새 정화되어 졸졸졸 화음 맞추며 경쾌하게 내려간다
꽃 이파리 몇 개 얹어 어화둥둥 떠내려간다
조용한 사랑 전하려 속세로 간다
― 〈꽃의 기행―옥잠화〉 전문

이 시는 산사 여행을 모티프로 한 일종의 기행시이다. 그러나 산사를 노래한 시라기보다는 시 제목이 시사하는 바, 옥잠화라는 꽃을 기행하는 시로 보아야 할 것이다. 그래서 이 시의 서두에서 "서림사 옥잠화 꽃 고고한 그 자태에 넋을 빼앗기는데/ 꽃그늘을 지으려면 더 많은 꽃잎이 필요"한데, "옥잠화의 여름살이는 한량없는 피우기를 다하고 있다"라고 노래한다. 이에 따라 놈팡이 바람은 "물고기 풍경을 희롱하느라 제 기운을 소진하"고 "목탁 소리 뒷전에 두고 슬그머니 산문을 빠져나간다"라고 노래하지만, 이 시에서 시인이 정작 노래하고 싶은 것은 결말 부분의 "심신의 번뇌와 고통까지 모조리 훑어 내어 씻고 또 씻어 준다/ 오욕까지 다 씻기고서야 내려다보는 물길"이

다. 그 물길 따라 "꽃 이파리 몇 개 얹어 어화둥둥 떠 내려"가는데, 그 옥잠화 꽃잎은 자신의 꽃말인 "조용한 사랑" "그윽한 사랑"을 전하려 속세로 간다는 것이다. 조용한 사랑은 불교의 자비일 것이다. 자애로운 사랑일 것이다. 불교의 생명 미학일 것이다.

3. 사물 인식 미학

 시인은 시적 대상인 가시적인 사물이나 불가시적인 정서 혹은 추상적인 인식을 언어화로 형상화하는 과정에서 삶의 지혜를 얻는다. 삶의 본체가 무엇인지 혹은 인간의 본 모습이 어떤 것인지를 통찰하려 한다. 그리고 그것들을 은유할 수 있는 언어와 표현 구조를 탐색하여 제시해 준다. 이 과정에서 자연스럽게 미학이 형성된다. 그리고 죽어 있는 것들에게 새로운 생명을 부여한다. 배두순 시인이 그렇다. 다분히 형이상학적인 시인이기 때문에 더 그러할 것이다. 이에 따라 그의 시에서 지금은 찾아보기가 쉽지 않는 '굴뚝'이라는 사물에 대해서 어떻게 인식하고 있는가를 살펴보기 위해 시 〈굴뚝은 살아 있다〉를 보자. 그 시의 서두가 "오래전부터 이렇게 서 있었어요/ 앉거나 눕는다는 생각은 해본 적이 없어요/ 그것은 죽음과 내통하는 문제거든요"로 시작한다. 다분히 사유적이다.

오래전부터 이렇게 서 있었어요
앉거나 눕는다는 생각은 해본 적이 없어요
그것은 죽음과 내통하는 문제거든요
대대로의 흥망성쇠가 지나가는 동안
이 자리를 사수하며 꼿꼿한 자존의 허리로 버텼지요
따뜻하고 하얀 연기를 내뿜으며
밥물 끓는 소리를 축포처럼 쏘아 올리고
하늘 아랫목까지 데우던 그 시절에는
연기를 보며 집으로 돌아오는 발소리가 좋았어요
산다는 것은 자신을 불태우는 일이라지요
굴뚝을 통과한 연기가
하늘에 오르지 못한 적은 없다고들 하는데요
온전한 소진만이 하얀 드레스를 입고
하늘의 푸른 카펫을 밟는다는 것은 진즉에 알았지요
힘센 문명에 밀려 구태의 상징으로 굳어지더라도
호시절을 기다리는 심정이 굴뚝같아요
해마다 봄은 찾아와서
파릇한 풀로 발등을 덮고 냉이꽃을 꽂아 주지만
식는다는 것은 참으로 쓸쓸한 일이었어요
빈집을 지키며 우뚝 선 나를 알아보는 사람들
싸늘한 마음의 아궁이부터 열어젖히고
애정의 불씨로 가슴을 지핀다면 얼마나 훈훈할까요
서 있다는 말은 살아 있다는 말

나는 여전히 살아 있어요

― 〈굴뚝은 살아 있다〉 전문

이 시는 위에서 살펴봤듯이 구어체로 쓴 시이다. 시적 화자가 굴뚝의 대변자처럼 그보다는 굴뚝이 되어 자신을 말한다. "나는 여전히 살아 있어요"라고 말하면서 물아일체物我一體의 미학을 보여 주고 있다. 시적 대상인 사물을 온전히 인식하기 위한 최적의 방법은 시인은 사물과 하나 되는 것이다. 시적 대상과 하나 되어 말하는 것이다. 이 시처럼 "서 있다는 말은 살아 있다는 말/ 나는 여전히 살아 있어요"라고 말하는 것처럼. 배두순 시인의 시 〈굴뚝은 살아 있다〉에 핵은 이것이다. 서 있기 때문에 나는 살아 있다는 인식이다. 인간을 빗대어서 굴뚝이 말하고 있는 것이다.

이 말의 설득력을 갖기 위해 시인은 굴뚝이라는 사물을 이렇게 인식하고 노래한다. "대대로의 흥망성쇠가 지나가는 동안/ 이 자리를 사수하며 꼿꼿한 자존의 허리로 버텼지요"라고. 그리고 "따뜻하고 하얀 연기를 내뿜으며/ 밥물 끓는 소리를 축포처럼 쏘아 올리고/ 하늘 아랫목까지 데우던 그 시절에는/ 연기를 보며 집으로 돌아오는 발소리가 좋았어요/ 산다는 것은 자신을 불태우는 일이라지요"라고. 자신이 살아 있음을 증명하는 말로 '꼿꼿히 서 있는 자존' 과 '자신을 불태우는 일'을 들었다.

  그리고 심정적인 이야기로 굴뚝은 자신이 살아 있음을 조곤조곤 이야기한다. "굴뚝을 통과한 연기가/ 하늘에 오르지 못한 적은 없다고들 하는데요"라든지, "힘센 문명에 밀려 구태의 상징으로 굳어지더라도/ 호시절을 기다리는 심정이 굴뚝같아요"라는 언어 트릭도 쓰고, "해마다 봄은 찾아와서/ 파릇한 풀로 발등을 덮고 냉이꽃을 꽂아 주지만/ 식는다는 것은 참으로 쓸쓸한 일이었어요"라고 청승도 부리면서, 또는 "빈집을 지키며 우뚝 선 나를 알아보는 사람들/ 싸늘한 마음의 아궁이부터 열어젖히고/ 애정의 불씨로 가슴을 지핀다면 얼마나 훈훈할까요"라고 사람들에 대한 사랑스런 말로 굴뚝은 자신이 살아 있음을 노래한다. 이렇게 배두순 시인은 사물 인식을 하나의 방편으로 전언한다.

    마음 출출한 날
    정신의 공복을 안고 숲으로 가는 길
    꽉 닫혀 있던 흉곽을 열고 이름 하나를 꺼낸다
    호흡을 박차고 뛰쳐나가는 소리
    그 소리가 또 한소리를 업고 돌아온다
    ―중략―
    정신의 빈 곳을 채우고 싶을 때마다

숲을 찾아 목청껏 불러 보는 나의 그리움

나의 메아리

―①〈그리운 메아리〉일부

이팝나무가

이팝나무가 밥을 짓는다

푸른 장작불 활활 타는 가마솥

뜨거운 김 쉭쉭 올리며

뜸까지 들여가며

이팝나무가 밥을 짓는다

―②〈꽃밥〉일부

나무와 책은 종이 한 장 차이다

산을 잃은 나무들이 잘리고 저며져 글자를 입는 동안 숲들은 세상에 초록을 나르고 태양의 날들을 채색한다. 책을 펼치다가 먼 산을 바라보면 우람한 나무들도 흔들리며 바로 선다는 것을 알게 된다

책 속에서 우뚝우뚝 발기하는 나무들

―③〈나무와 책〉일부

한가위가 가까워지고 태풍이 닥치면

쿵, 간 떨어지는 소리

잽싸게 뛰어가던 오빠들의 달음박질 소리
　　다디단 핏줄의 그리움 소리
　　이제는 꿈속에서나 들어보는 그 소리
　　단감 떨어지던 소리
　　　　　　　　―④〈우주 떨어지는 소리〉 일부

　①의 시적 대상은 '그리운 메아리'이지만, 구체적 사물은 '숲'이다. ②의 시적 대상과 사물은 이팝나무 꽃인 '꽃밥'이다. 그리고 ③의 시적 대상은 사물인 나무와 책이다. ④의 시적 대상은 단감 떨어지는 소리이다. 그리고 시적 대상에 대한 인식은 ①의 경우는 "속속들이 들여다보이는 너와 나의 이심전심/ 깊고 어두운 곳에서도 부르기만 하면 달려오는 너/ 그 단호하고 애틋한 해후에 잠자던 맥박"으로 깨어나는 메아리이다. ②의 경우는 "하늘과 땅, 사람들의 정신까지/ 넉넉하게 채워" 주는 존재이다. ③의 경우, 시인의 시적 대상에 대한 인식은 이 시의 마지막 구절에서 나타난다. "그들의 영혼을 받아 적기 위해 백지 한 장에 정신을 쏟고 청춘을 소진했으나 후회는 없다. 흥망성쇠가 다 종이 한 장 차이다"라는 술회가 그것이다. 정감 깊은 시 ④의 경우는 제목 그대로 '우주 떨어지는 소리'로 단감이라는 사물 그 자체를 하나의 우주로 인식하고 있는 다분히 불교적 인식을 보여 준다.

이렇듯이 시적 대상이 사물이든 아니든 시인은 그 대상에 대한 인식을 형이상학적인 관념의 세계로 보여 준다. 그것이 곧 시인의 정신세계가 되기 때문이다. 인간과 삶을 파악하는 철학적 방편 중에서 주로 차용하는 존재 양식이든 아니면 관계 양식이든 그 본체를 이해하기 위해 시인은 직관적으로 부단히 탐색한다. 위의 네 편의 시들은 존재 양식이라는 방편으로 탐색했지만, 관계 양식을 통해 인간과 삶의 정체성을 탐색하고 있다.

시 〈볼트와 너트〉를 마지막으로 읽는다.

   쌍으로 다니는 이것을
   하나라 부르기도 그렇고 둘이라 우기기도 좀 그렇다
   애써 조이고 풀 일이 없다면 관심 밖의 고정구일 뿐이다
   잘 조여 놓으면 녹슬 때까지 서로에게 녹아들어
   한몸이 되어 한세상을 무사히 건널 수 있다
   물 한 방울 스며들 틈도 없이 꽉 껴안으면 되는 일이지만
   그게 그렇지만도 않은 것이 인생사이니
   볼트와 너트를 조이며 당신과 나와의 틈을 생각해 보는 것이다
   둘 중 하나라도 맞추는 일이 소홀했을 때는
   덩달아 어긋난 일들이 줄줄이 사탕처럼 끌려왔었다
   아니다 그렇다 하면서도 마음이 딱딱 들어맞을 때는

천생연분 같기도 했지만,

둘이 하나가 되기 위해서는 일방통행은 금물이다

다시 풀고 해체하는 일 없도록

꼼꼼하게 작업 끝낸 렌치를 정리하면서

당신에게 가까이 다가서야 할 마음을 한번 더 조인다

―〈볼트와 너트〉 전문

  재미있는 시이다. 사람과 사람, 나와 남, 아내와 남편 혹은 가족과의 관계를 볼트와 너트라는 시적 대상인 사물로 보여 주는 아포리즘적인 시이다. "쌍으로 다니는 이것을/ 하나라 부르기도 그렇고 둘이라 우기기도 좀 그렇다"의 경우, 그 적절한 쌍은 부부이다. 그런 부부를 "애써 조이고 풀 일이 없다면 관심 밖의 고정구일 뿐이다"라는 인식은 냉철하지만, "잘 조여 놓으면 녹슬 때까지 서로에게 녹아들어/ 한몸이 되어 한세상을 무사히 건널 수 있다"는 시구詩句는 따뜻하다. 우리 모두가 잊고 사는 사람의 마음이기 때문이다. 이렇게 배두순의 시는 로고스Logos적이나 차겁기도 하지만 그 반면에 파토스Pathos적인 따뜻함이 같이 있어 에토스Ethos적인 문학 가치를 보여 주고 있어 우리 모두에게 유효하다.

영혼의
요람을
찾아내다

발행 ㅣ 2025년 8월 25일
지은이 ㅣ 배두순
펴낸이 ㅣ 김명덕
펴낸곳 ㅣ 한강출판사
홈페이지 ㅣ www.mhspace.co.kr
등록 ㅣ 1988년 1월 15일(제8-39호)
주소 ㅣ 서울특별시 종로구 삼일대로 457, 501호(수운회관)
전화 02-735-4257, 734-4283   팩스 02-739-4285

값 13,000원

ISBN 978-89-5794-594-0 04810
　　　978-89-88440-00-1 (세트)

※저자와의 협약에 의해 인지는 생략합니다.
※잘못된 책은 바꾸어 드립니다.